나 혼자 간다!

여행 프랑스어

나 혼자 간다! 여행 프랑스어

초판 1쇄 인쇄 2019년 3월 20일
초판 1쇄 발행 2019년 3월 27일

지은이 김정희
펴낸이 서덕일
펴낸곳 문예림

출판등록 1962.7.12 (제406-1962-1호)
주소 경기도 파주시 회동길 366 (10881)
전화 (02)499-1281~2 **팩스** (02)499-1283
전자우편 info@moonyelim.com
홈페이지 www.moonyelim.com

ISBN 978-89-7482-904-9 (13760)
값 14,000원

나 혼자 간다!

여행 프랑스어

김정희 지음

문예림

머리말

일러두기

- 본 도서의 지명, 인물 등은 프랑스 원어로 표기하였습니다.
- 한글 독음은 최대한 표준 원어 발음과 표현에 가깝게 표기하려고 노력했습니다.
- 원어민 발음을 3회 이상 듣고, 소리 내 발음해 본 후, 한글 독음은 참조하시기 바랍니다.
- 한글 독음에 모음 축약과 연음이 일어나는 단어는 한 단어처럼 붙여 표기하였습니다.
- 프랑스어는 대부분의 끝 자음 철자와 단어 끝의 e를 묵음화합니다.
- 프랑스어는 같은 자음이 겹쳐 있어도 하나가 있는 것처럼 발음합니다.
- 모음 뒤에 m, n이 올 때 콧소리가 나는 비모음이 됩니다.
- 프랑스어는 같은 철자라도 쓰는 뜻에 따라 발음이 다르게 나는 경우도 있습니다.
- 한글 독음에 Et(에)와 같이 연음을 하지 않는 단어는 띄어쓰기로 표기하였습니다.

이 책은 프랑스 여행자, 유학과 취업의 꿈을 가진 학생들, 퇴사를 보류하고 잠깐이라도 떠나기를 원하는 직장인, 1인 가구, 그리고 《나 혼자 간다! 여행 프랑스어》로 안전한 프랑스 여행을 원하는 모든 분들을 위해 집필했습니다. 그리고 무엇보다 사랑하는 가족과 반려동물을 떠나보내고 헛헛한 마음으로 발걸음을 떼어 프랑스로 떠나려는 모든 독자들께 바칩니다.
책의 사용법은 각 과 별로 5파트로 나뉘어져 있습니다. 필요하신 파트만 골라서 읽으셔도 유용합니다.

1. 기초 회화: 인사, 쇼핑 등 기초 BASE 회화
2. 생생 여행팁: 알아두면 좋은 프랑스 여행팁
3. 유용한 회화 표현: 비상 사태시 표현 문장 수록
4. 어휘 플러스: 단어만 가리켜도 도움이 되도록 구성. 예) 응급차, 교통사고
5. 프랑스가 궁금해: 문화, 예술, 정치에 대한 심도 있는 접근 예) 프랑스 테러 원인

뿐만 아니라 '여성용 호신 프랑스어'와 가성비를 고려한 숙소, 먹거리, 쇼핑, 학생식당, 유용 어플 등 현지 체류 실제 경험을 담은 실용 정보도 담았습니다. 이동하실 때 책의 Mp3 파일만 흘려 들어도 '들리는 핵심단어' 실력을 얻게 되실 겁니다. 문화적인 측면에서는 프랑스인들이 신기해하는 한국인의 단체 등산복 여행과 양산 쓰기, 직업 여성으로 오해 받기 쉬운 지나친 하의 실종 패션 등 하지 않으면 좋은 에티켓도 담았습니다. 무엇보다 떠나기전, 외국여행 필수 체크 항목은 '고정관념과 선입견 집에 두고 나오기'입니다. 자유로운 예술의 나라, 프랑스? 예술의 나라지만 늘 자유롭지 않습니다. 프랑스 여자들은 살찌지 않는다구요? 적게 먹거나 아니면 운동합니다. 프랑스에 가시면 특별한 사람들이 많습니다. 그래서 반강제적으로 경험합니다. 타인의 삶과 타인의 취향, '타자'로 인해 자신의 삶이 확장되는 것을!

자, 여러분 멋진 여행하시고 건강하세요! Bon voyage et bonne santé!

차례

10 응급

1 알파벳과 발음

🎧 0-1.mp3

TGV 떼줴베, 프랑스 고속기차(Train à Grande Vitesse)의 줄임말

A	a	[a]	아	Arrêt	아해	정류장
B	b	[be]	베	Bus	뷔쓰	버스
C	c	[se]	쎄	Chocolat	쇼꼴라	쵸콜렛
D	d	[de]	데	Demain	드맹	내일
E	e	[ə,e]	으	Elle	엘	그녀
F	f	[ɛf]	에프	Film	필므	영화
G	g	[ʒe]	줴	Gâteau	갸또	케이크
H	h	[aʃ]	아슈	Hôtel	오뗄	호텔
I	i	[i]	이	Il	일	그
J	j	[ʒi]	지	Je	즈	나
K	k	[ka]	까	Kaki	까끼	감
L	l	[ɛl]	엘	Livre	리브흐	책
M	m	[ɛm]	엠	Métro	메트호	지하철

N	n	[ɛn]	엔	Non	농	아니오
O	o	[o]	오	Oui	위	네
P	p	[pe]	뻬	Parfum	파흐팽	향수
Q	q	[ky]	뀌	Quiche	뀌슈	고기파이
R	r	[ɛːʀ]	에흐	Rue	휘	거리
S	s	[ɛs]	에스	Sac	싹	가방
T	t	[te]	떼	Toilettes	뚜와레뜨	화장실
U	u	[y]	위	Un	엥	하나
V	v	[ve]	베	Vacances	바캉스	휴가
W	w	[dubləve]	두블르베	Wifi	위피	와이파이
X	x	[iks]	익쓰	Xylophone	질로폰	실로폰
Y	y	[igrɛk]	이그헥	Yaourt	야후뜨	요거트
Z	z	[zɛd]	제드	Zéro	제호	0

1) 구별이 어려운 발음

0-2.mp3

철자		발음
B	[브]	윗입술과 아랫입술을 붙였다 떼며 발음
V	[브]	윗이로 아랫입술을 눌렀다 떼며 발음
F	[프]	윗이로 아랫입술을 깨물고 닫히며 나는 발음
P	[쁘]	B보다 힘주어 발음

2) 유의할 발음

0-3.mp3

철자		발음
E	[으]	입술을 오므리고 발음
G	[제]	입술을 천장에 대고 발음
H	[아슈]	아는 두 박자 길게 슈는 짧게 발음
I	[이]	입술을 양쪽으로 당기며 E와 헷갈리지 말 것
J	[지]	영어의 G와 비슷하니 조심
K	[까]	경음을 세게 발음
P	[뻬]	경음도 세게 발음. [페]가 아님
Q	[뀌]	입술을 오므려서 앞으로 내밀고 발음
R	[에흐]	가장 중요한 발음. 가래침을 뱉듯이 발음
T	[떼]	경음을 세게 발음
U	[으]	입술을 오므리고 발음

W	[두블르베]	V 베가 더블로 2개 있다는 뜻
X	[익쓰]	영어의 [엑쓰]가 아님.
Y	[이그렉]	I grec 그리스의 I란 뜻, 형태도 신전의 기둥
Z	[제드]	성대를 울리며 발음

3) 철자 부호

0-4.mp3

´	l'accent aigu [락썽떼귀]
	철자 e위에 붙인다. é[e] : 짧게 발음, 폐음 예 café 카페, télé 텔레비전, bébé 아기
`	l'accent grave [락썽그라브]
	철자 a, e, u위에 붙인다. à[a], ù[u], è[ɛ] : [e]보다 길게 발음 예 mère 어머니
^	l'accent circonflexe [락썽씨흐꽁플렉쓰]
	철자 a, e, i, o, u 위에 붙이고 길게 발음. 예 île 섬
¸	La cédille [라쎄디유]
	철자 c 아래에 붙인다. ㅆ 발음 ç[s] 예 leçon 수업, français 프랑스인

¨	Le tréma [르트헤마]
	연속된 모음을 따로따로 발음하라는 기호 예 maïs 옥수수, noël 크리스마스
'	L'apostrophe [라뽀스트호프]
	모음 생략 표시(모음 축약) 예 la + amie = l'amie 친구
-	Le trait d'union [르트헤뒤니옹]
	합성어, 동사와 주어의 도치 표시 예 arc-en-ciel 무지개

4) 자음

자음은 a e i o u y 모음을 뺀 나머지 발음이다.

단어끝 자음은 대부분 발음되지 않는다.

예 알베르 까뮈 Albert Camus, 알베르트 까뮈스가 아니다.

5) 모음축약

a, e, i, o, u 모음들이 충돌하면서 발생하는 현상

예 Je 나는[주어] + adore 좋아한다[동사] = J'adore(쟈도흐)

⇨ adore의 a가 Je의 e를 사라지게 해 모음 축약 현상 발생

6) 비모음

0-5.mp3

발음	예시		발음 방법
[ã] 엉	chambre temps enfant	셩브르 떵 엉펑	[a] 소리를 내는 입모양으로 '엉' 발음
[õ] 옹	nom bon	농 봉	[o] 발음을 콧소리
[œ̃] 앵	un parfum	앵 파흐팽	[œ] 소리를 내는 입모양 '앵' 콧소리
[ɛ̃] 엥	simple vin symphonie	쎙쁠르 벵 쎙포니	[ɛ] 소리를 내는 입모양으로 '엥' 콧소리

7) 연음

모음은 a, e, i, o, u 그 이외는 자음.

발음되지 않는 끝 자음이 모음이나 무음 h와 이어져 발음되는 현상

예 les amis(친구들): '레아미' ×, '레자미' ○

② 필수 표현 10

Bonjour 봉쥬흐	안녕하세요.
Merci 메흐씨	감사합니다.
Au revoir 오흐부와흐	안녕히 계세요.
Oui, s'il vous plaît! 위, 씰부쁠래	네, 부탁해요!
Non, ça va! 농, 싸바	아니요, 괜찮아요!
Pardon. 빠흐동	실례합니다.
Je ne parle pas français. 즈느빠흘르빠프헝쎄	저는 프랑스어를 못해요.
Ça coûte combien? 싸꾸뜨꽁비엉	이것 얼마인가요?
L'addition, s'il vous plaît. 라디씨옹, 씰부쁠래	계산서 부탁합니다.
Où sont les toilettes? 우쏭래뚜왈렛뜨	화장실은 어디에 있나요?

③ 핵심 문법

1) 주어 인칭 대명사

주어와 동사로 영어처럼 문장을 시작한다.

예 Je suis coréen. 쥬쒸위 꼬헤엉 저는 한국남자입니다.
Je suis coréenne. 쥬쒸위 꼬헤엔느 저는 한국여자입니다.

Je	쥬	나는
Tu	뛰	너는
Il	일	그는, 그것의 남성단수
Elle	엘	그녀는, 그것의 여성단수

On	옹	우리는, 사람들은
Nous	누	우리는
Vous	부	당신(들)은, 너희들은
Ils	일	그들은
Elles	엘	그녀들은

2) 부정관사, 정관사, 부분관사

❶ 부정관사

특정하지 않은 명사 앞에 쓰이는 관사. 하나 혹은 여럿을 의미.
성수에 따라 남성 un, 여성 une, 복수 des를 앞에 붙힌다.

예 **Un** croissant, s'il vous plaît! 크와상 하나 주세요!
엉 크후와쌍. 씰부쁠래

남성명사	여성명사	복수명사
Un croissant	**Une** baguette	**Des** croissants
엉 크와쌍	윈 바게뜨	데 크와쌍
크와쌍 하나	바게뜨 하나	크와쌍들

남성명사	여성명사	복수명사
Un home	**Une** femme	**Des** homes
엔 옴므	윈 팜므	데 좀
한 남자	한 여자	남자들

❷ 정관사

이미 알고 있는 대상, 일반화한 대상 전체, 먼저 언급된 특정대상. 명사의 성수에 따라 남성 le, 여성 la, 복수 les를 앞에 붙힌다.

예 J'adore **le** vin, **la** baguette et **les** misérables.
쟈도흐 르뱅, 라바게뜨 에 레미제하블
저는 와인과 바게트와 빅토르 위고의 레미제라블을 좋아합니다.

남성명사	여성명사	복수명사
Le vin	**La** baguette	**Les** misérables
포도주 [르뱅]	바게트 [바게뜨]	레미제라블 [레미제라블]

프랑스 주요 3대 술은 남성명사, 맥주는 여성명사다.

남성명사	여성명사	복수명사
Le vin **Le** cognac **Le** champagne	**La** bière	**Les** vins **Les** bières
와인 [르뱅] 꼬냑 [르꼬냑] 샴페인 [르샹빠니으]	맥주 [라비에흐]	와인(들) [래뱅] 맥주(들) [래비에흐]

❸ 부분관사

셀 수 없는 것들, 먹을 것을 표현할 때 많이 사용.

명사의 성수에 따라 남성 du, 여성 de la, 복수 des를 앞에 붙힌다.

예 Vous avez **du** poisson? 당신은 생선메뉴를 좀 가지고 있나요?
부자배 뒤뿌와쏭

Passez-moi **du** beurre, s'il vous plaît! 버터 좀 건네주세요!
빠쌔무와 뒤뵈흐 씰부쁠래

남성명사	여성명사	복수명사
du poisson	**de la** viande	**des** fruits
약간의 생선	약간의 고기	과일들

❹ 문장 암기

J'aime **le** café. 나는 커피를 좋아해요. (정관사 the 커피 전체)
잼 르까페

Un café, s'il vous plaît! 커피 한잔 부탁합니다! (부정관사 a 커피 한잔)
엥까페 씰부쁠래

Vous avez **du** café? 커피 좀 있어요? (부분관사 some 커피 좀)
부자배 뒤까페

	남성	여성	복수	영어
부정관사	**un**	**une**	**des**	a
정관사	**le**	**la**	**les**	the
부분관사	**du**	**de la**	**des**	some

3) 소유 형용사

소유 형용사 나의 my가 남성형 mon, 여성형 ma, 복수형 mes다.

예 C'est mon passeport! 쎄 몽 빠쓰뽀흐 제 여권입니다.
C'est ma valise! 쎄 마 발리즈 제 짐인데요!

남성형	여성형	복수형	한국어
mon 몽	ma 마	mes 메	나의
ton 똥	ta 따	tes 떼	너의
son 쏭	sa 싸	ses 쎄	그의, 그녀의
notre 노트흐	notre 노트흐	nos 노	우리의
votre 보트흐	votre 보트흐	vos 보	당신의 (존칭)
leur 뢰흐	leur 뢰흐	leurs 뢰흐	그들의

my father	mon père	[몽뻬흐]	나의 아버지
my mother	ma mère	[마매흐]	나의 어머니
my parents	mes parents	[매빠헝]	나의 부모님

mon ma mes는 잘못 붙혀 말하면 부모님을 성전환자로 만드는 실수! 몽쉘통통 mon cher tonton 나의 사랑하는 아저씨, mon ami 모나미는 내 친구다.

4) 지시 형용사

싸 Ça 이것으로 원하는 것을 손가락으로 가르키면 된다.

명사의 성수를 정확히 표현해서 말하고 싶으면 이것(들), 저것(들), 남성형 ce, 여성형 cette, 복수형 ces 로 명사 앞에 붙혀서 표현한다.

예 **Ça, s'il vous plaît!** [싸, 씰 부 쁠레] 이것으로 주세요!

남성형	여성형	복수형
ce [쓰]	cette [쎄뜨]	ces [쎄]
이것, 저것, 이사람, 저사람		이것들, 저것들, 이사람들 저사람들

예 **Ce sac chanel est à moi.** 이 샤넬백 내 꺼야.
쓰 싹 샤넬 에 따 무와

Cette voiture est à moi. 이 차도 내 꺼야.
쎄뜨 브와뛰흐 에 따 무와

Ces bâtiments à Gangnam sont à moi. 이 강남의 건물들도 내꺼야.
쌔 바띠멍 아 강남 쏭 따 무와

5) 동사어미 er 1군동사 규칙변화

동사 대부분이 er로 끝나는 1군동사다.

예 **Je t'aime.** 쥬 뗌 나는 너를 사랑해!

J'aime Paris. 잼 빠히 저는 파리를 사랑합니다.

J'aime	잼	나는 ~를 좋아한다, 사랑한다
Tu aimes	뛰앰	너는 ~를 좋아한다, 사랑한다
Il aime	일앰	그는 ~를 좋아한다, 사랑한다
Elle aime	엘앰	그녀는 ~를 좋아한다, 사랑한다

On aime	온앰	우리는, 사람들은 ~를 좋아한다, 사랑한다
Nous aimons	누재몽	우리는 ~를 좋아한다, 사랑한다
Vous aimez	부재매	당신(들)은, 너희들은 ~를 좋아한다, 사랑한다
Ils aiment	일잼	그들은 ~를 좋아한다, 사랑한다
Elles aiment	앨잼	그녀들은 ~를 좋아한다, 사랑한다

6) 가장 많이 쓰이는 중요 3군 불규칙 동사

Être 이다 be	**Je suis** libre. 나는 자유롭다. 쥬쒸위 리브흐
Avoir 가지다 have	**J'ai** du temps. 나는 시간이 있다. 재 뒤떵
Aller 가다 go	**Je vais** à Paris. 나는 빠리에 간다. 쥬배 아빠히
Venir 오다 come	**Je viens** à Séoul. 나는 서울에 온다. 쥬비엉 아쎄울
Prendre 선택하다 take	**Je prends** du vin. 나는 포도주를 마신다. 쥬프헝 뒤뱅
Faire 하다 do	**Je fais** la cuisine française. 나는 프랑스 요리를 한다. 쥬패 라뀌진느 프헝쎄즈
Vouloir 원하다 want	**Je veux** parler français. 나는 프랑스어를 하고 싶다. 쥬뵈 빠흘레 프헝쎄
Devoir 해야한다 must	**Je dois** étudier. 나는 공부를 해야 한다. 쥬드와 에뛰디에

Pouvoir 할수있다 can	**Je peux** parler français. 나는 프랑스어를 할 수 있다. 쥬뾔 빠흘래 프헝쌔
mettre 넣다 입다 put	**Je mets** ma vie à l'heure. 나는 내 삶을 현재에 놓는다. 쥬매 마비 아뢰흐

7) 의문문을 만드는 세가지 방법

문장끝의 억양을 올린다.

주어, 동사를 도치한다.

Est-ce que(에쓰끄)를 평서문 문장앞에 붙힌다.

예 상점에서 포장을 원할 때, Est-ce que 하고 포장지와 상자를 손가락으로 가르키면 프랑스인이 알아듣고 포장해준다.

8) Ne ~ pas 부정문

주어 다음, 동사 앞에 ne, 뒤에 pas를 붙힌다.

예 Je suis coréenne. 저는 한국여자입니다.
즈쑤위 코헤엔느

Je **ne** suis **pas** parisienne. 저는 파리지엔느가 아닙니다.
즈 느 쑤위 빠 빠히지엔느

9) Je vais + 동사 근접미래

Je vais는 aller 가다(go) 불규칙동사 변화 문장이다.

예 Je vais + 동작표현 저는 곧 ~를 할 것입니다.
즈배

Je vais 즈배라고 말하고, 메뉴판의 먹고 싶은 음식명을 손가락으로 가르키면 '그걸 먹으려고 한다'는 의미로 식당 종업원이 이해한다.

프랑스 지도와 국가

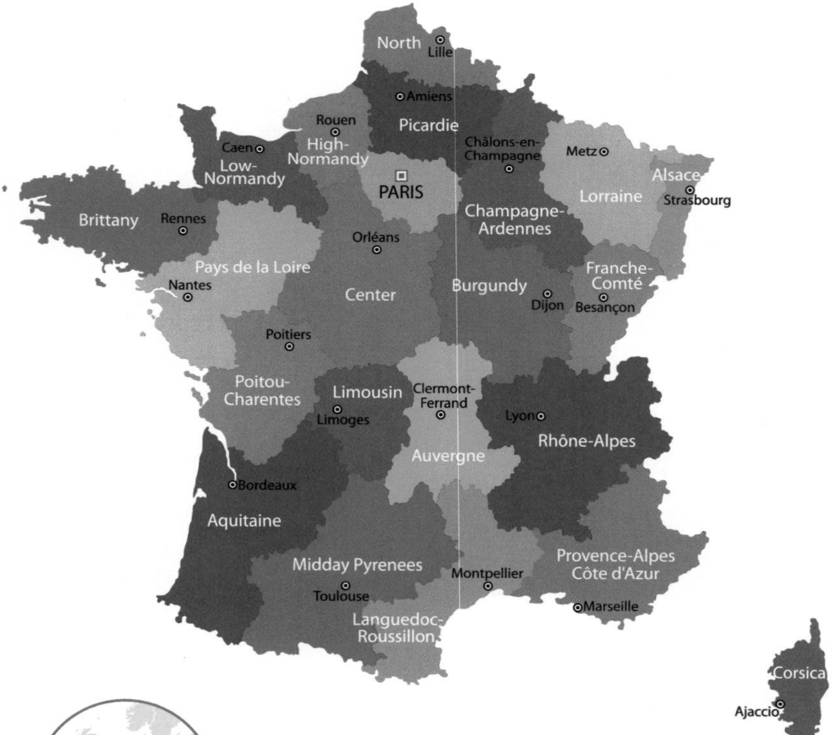
North
Lille
Amiens
Picardie
Rouen
High-Normandy
Caen
Low-Normandy
PARIS
Châlons-en-Champagne
Metz
Alsace
Strasbourg
Lorraine
Brittany
Rennes
Champagne-Ardennes
Orléans
Pays de la Loire
Nantes
Center
Burgundy
Dijon
Franche-Comté
Besançon
Poitiers
Poitou-Charentes
Limousin
Limoges
Clermont-Ferrand
Lyon
Rhône-Alpes
Auvergne
Bordeaux
Aquitaine
Midday Pyrenees
Toulouse
Montpellier
Provence-Alpes Côte d'Azur
Marseille
Languedoc-Roussillon
Corsica
Ajaccio

면적	643.80km2	인구	6712만
국기	삼색기	국가	라마르세예즈
수도	파리	대통령	마크롱
상징동물	수탉	상징여성	마리안느

프랑스 공화국(République française 레퓌블리크 프랑세즈) 또는 프랑스(프랑스어: France)는 서유럽의 본토와 남아메리카의 프랑스령 기아나를 비롯해 여러 대륙에 걸쳐 있는 해외 레지옹과 해외 영토로 이루어졌다.

지리적으로 북쪽으로는 벨기에와 룩셈부르크, 동쪽으로는 독일과 스위스, 이탈리아, 남쪽으로는 스페인과 연접하여 있다. 영토 모양에 따라 프랑스인들은 자신의 나라를 L'Hexagone(육각형)이라고도 한다. 영국쪽으로는 북해와 맞닿고 서쪽으로는 대서양, 남쪽으로는 지중해를 사이에 두고 북아프리카와 마주하고 있다.

프랑스어는 국제 공식어이다. 3억에 가까운 인구가 프랑스어로 소통가능하며, 프랑스는 프랑코포니 등을 통해 프랑스어권 국가들에게 영향력을 행사한다. 유럽 연합 내에서 독일과 중추적인 역할을 하며, 북대서양 조약 기구의 회원국으로, 1966년에 탈퇴 후 1992년에 재가입했다.
Total 토탈, BNP 파리바, LOUIS VUITTON 루이비통, L'OREAL 로레알 등 고부가가치 산업의 중심 국가이고 서유럽 5대 경제대국 중 제조업 비중은 제일 낮다.

● 화폐

Où échanger mes dollars (Wons coréens) en euro?

어디에서 제 달러(원화)를 유로화로 환전할 수 있나요?

유로(Euro)를 사용. 프랑스어 발음은 [왜호]에 가깝다.

지폐는 5, 10, 20, 50, 100, 200, 500 유로,

1유로보다 낮은 동전 단위로는(Centime)

(1, 2, 5, 10, 20, 50 썽팀 구리빛 동전들과,

금은색이 섞인 1유로, 2 유로 동전)

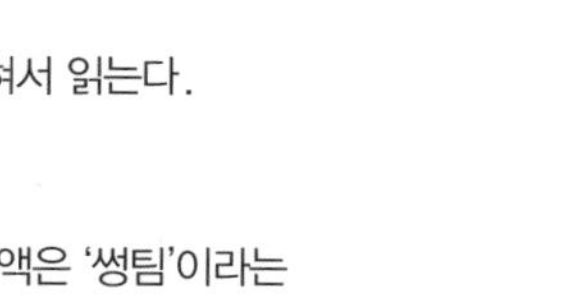

1) 가격에 마침표 대신, 콤마를 사용.
   앞은 Euro[왜호], 뒤는 Centime[썽팀]을 붙혀서 읽는다.
   And의 의미 et를 넣어서 읽는다.

2) Euro[왜호]와 Centime[썽팀]이 함께 있는 금액은 '썽팀'이라는 표현생략 가능. 이때는 콤마를 표시하고 맨 끝에 Euro만 표시.
   예 1,14 Euro 1유로 14센트 (1왜호 14썽팀)

기수와 서수

Louis quatorze는 프랑스의 태양왕 루이 14세를 의미한다. 14는 숫자 꺄토흐즈

기수	숫자	서수 -번째 남성	서수 -번째 여성
Un 엥	1	le premier	la première
Deux 되	2	le deuxième	la deuxième
Trois 트흐와	3	le troisième	la troisième
Quatre 꺄트흐	4	le quatrième	la quatrième
Cinq 쌩크	5	le cinquième	la cinquième
Six 씨쓰	6	le sixième	la sixième
Sept 세뜨	7	le septième	la septième
Huit 위뜨	8	le huitième	la huitième
Neuf 뇌프	9	le neuvième	la neuvième
Dix 디쓰	10	le dixième	la dixième
Mille 밀	1000	le dernier	la dernière

숫자 + ième = ~번째 (le 남성형, la 여성형으로 성수 일치)
le premier, la première (첫번째), le dernier, la dernière (마지막)

요일

Lundi	랭디	월
Mardi	마흐디	화
Mercredi	메흐크흐디	수
Jeudi	죄디	목
Vendredi	벙드흐디	금
Samedi	쌈디	토
Dimanche	디멍슈	일

월

Janvier	정비에	1월	Juillet	주이에	7월
Février	페브히에	2월	Août	우뜨	8월
Mars	마흐쓰	3월	Septembre	셉떵브흐	9월
Avril	아브힐	4월	Octobre	옥또브흐	10월
Mai	매	5월	Novembre	노벙브흐	11월
Juin	주앵	6월	Décembre	데썽브흐	12월

교통 특징

1) 파리는 도로의 상당수가 일방통행이다.

2) 회전 교차로의 천국이다. 정말 많다. 주변 상황을 보고 주행해야 한다.

3) 파리 개선문 중심 회전 교차로는 거의 자동차 레이스 수준이다.

4) 도로교통법은 경찰만 지킨다. 많은 보행자가 자기 마음대로 횡단보도를 막 건넌다.

5) 주차는 선불방식이고 주차증은 차량 내에 비치, 파리는 주차 지옥이다.

6) 버스도 한국보다 비싸다. 택시는 가변요금제가 있어 시내에서 잠깐 타도 몇만 원이다.

7) 14개 노선 파리지하철이 경제적이다. 화장실이 없고 백 년도 넘어 계단이 많다.

8) 지하철 내에 검표원이 있다. 무임승차 적발시에 10배 정도의 벌금을 문다.

9) 파리 지하철 문이 다 자동문이 아니다. 수동으로 열어야 하는 문이 많다.

10) 비에 Billet (1장) ⇨ 까르네 Carnet (10장) ⇨ 모빌리스 Mobilis (24시간) ⇨ 파리비지트 Paris Visite (1/2/3/5일) ⇨ 나비고 Navigo (일주일, 한달) ⇨ 이마지네 Imagine R(일년) 지하철 이용권이 있다.

11) 차량운전시 차선을 벌려 모터사이클, 스쿠터 라이더들의 주행을 주의해야 한다.

12) 고속도로 제한속도 110km/h 지만 터널진입시 90km/h다.
터널에서 차선변경이 가능하다.

13) 프랑스 공공자전거 대여 시스템 Vélib 밸리브, 대여시 보증금 환급이 1주일이상 걸린다.

14) 교통어플 Paris Metro, RATP (버스, 메트로, RER 다 나옴), Horaires Me, 우버택시 등이 있다.

15) 어떤 내비게이션을 써도 대부분 예정시간을 넘겨 지각하게 되니 사전 감안해야 한다.

대표 음식

최고급 요리로는 페리고르 지역의 푸아그라(거위간), 부르고뉴 지방의 에스카르고(달팽이 요리), 트뤼프(송로버섯) 등이 있다. 지중해와 대서양을 끼고 있고 날씨가 온화해 농수산물, 축산물의 보고이다. 원재료 맛으로 요리의 승부를 본다. 포도주, 샴페인, 코냑등을 식사와 함께하고, 포도주가 한병이 들어간 갈비 조림 '뵈프 부르귀뇽'도 유명하다. 가정에서는 포토푸, 야채스튜 라따뚜이도 즐겨 먹는다.

브르타뉴 자방의 특산 요리는 크레프, 남불 마르세이유에는 해물탕인 '부이야베스'를 빠트릴 수 없다. 알자스 지역은 양배추 슈크루트 특산요리가 있고 백포도주 리슬링이 감미롭다. 사부와 지역의 퐁듀는 치즈를 녹여 빵을 찍어 먹는다. 그 외 셀 수 없이 많은 프로마쥬(fromage, 치즈)와 포도주, 디저트가 있다.

거위간 Foie Gras

달팽이 Escargot

송로버섯 샐러드 Salade de Truffes

라따뚜이 Ratatouille

프랑스인들이 외국인에게 자주 추천하는 요리들은 뵈프 부르기뇽 boeuf bourguignon, 그라탕 gratin, 꼬꼬뱅 coq au vin, 키쉬 Quiche, 에스카르고 escargot, 블랑켓드보 blanquette de veau, 포토푀 pot-au-feu, 스테이크 타르타르 steak tartare(육회) 등이 있다.

미식 가이드:

미슐랭이 발행하는 '기드루즈(Guide de Rouge)'와
요리 비평지 '고미오'(Gault et Millau)
기드루즈는 1926년부터 별점을 매겨 식당 평가,
고미오는 20점 만점 점수제 평가

부이야베스 bouillabaisse

키쉬 Quiche

프랑스식 순대 Boudin noir

프랑스식 육회 Tartare

1

인사

생존표현

인사

중요 표현

자기 소개

생존표현

Nuna

안녕하세요.

Bonjour !

봉주흐

Jean

안녕하세요.

Bonjour !

봉주흐

Nuna

제 이름은 누나입니다.

Je m'appelle Nuna.

즈 마뻴 누나

Jean

제 이름은 장입니다.

Je m'appelle Jean.

즈 마뻴 졍

Nuna

저는 한국여자입니다.

Je suis coréenne.

즈쒸이 코헤엔느

Jean

저는 프랑스 남자입니다.

Je suis français.

즈쒸이 프헝쌔

Nuna

죄송해요. 이해가 안 돼요.

Désolée. Je ne comprends pas.

데졸레. 즈 느 꽁프헝 빠

Jean

괜찮아요!

Ça va!

싸바

Nuna

영어를 하세요?

Vous parlez anglais?

부 빠흘래 엉글래

Jean

아니오!

Non!

농

---

bonjour 봉주흐 안녕하세요
je m'appelle 즈마뻴 제 이름은 ~입니다
je 즈 나는
suis 쒸이 입니다
coréen 꼬헤엉 한국남자
coréenne 꼬헤엔느 한국여자
français 프헝쌔 프랑스남자
française 프헝쌔즈 프랑스여자
désolé(e) 데졸레 미안해(합니다)
ça va 싸바 괜찮아(요)

생생 여행 *Tip*

• 존댓말

프랑스가 혁명의 나라여도 존댓말이 있는데, tu(너)와 vous(당신)의 차이를 보면 알 수 있다. 친한 사이가 아닌 경우, 안전한 호칭은 당연히 'vous'이다. 하지만 대통령일지라도 대통령 관저 엘리제궁의 요리사와 친해지면 Tu(너)로 친구처럼 대화한다. 프랑스 친구들에게 프랑스어를 몇 마디 배울 때, 영어처럼 습관적으로 'tu'를 사용하는 경우가 많다. 이는 예의에 어긋나고 오해를 산다. 유학을 가서 프랑스 교수님을 만난다거나, 사업상의 면담이 있을 경우 'Vous' 라고 정중하게 말하자!

프랑스의 전 시라크 대통령과 영부인 베르나데트는 서로에게 'vous(당신)'로 호칭했다고 한다. 마담 베르나데트 시라크는 TV에 나와 남편을 'vous'로 호칭하는 것은 집안의 전통이라고 설명하기도 했다.

▶ 알베르 까뮈의 《이방인》의 첫문장
Aujourd'hui, maman est morte.
'오늘 엄마가 죽었다.'로 번역한다.
존댓말로 '오늘 어머니가 돌아가셨습니다.'
왠지 이방인과는 먼 분위기로 들리지 않는가?

유용한 회화 표현

1-2.mp3

J'ai faim.	저는 배가 고파요.
J'ai soif.	저는 목이 말라요.
Le menu, s'il vous plaît !	메뉴 좀 주시겠어요!
Quel vin vous conseillez?	어떤 와인을 추천하세요?
Je voudrais un café!	커피 한 잔 주세요!
Vous parlez anglais?	영어를 하세요?
Plus lentement, s'il vous plaît!	좀 더 천천히 해 주세요!
Vous avez une carte?	지도 있으세요?
C'est quand l'excursion?	투어는 언제인가요?
Il y a des toilettes?	화장실은 있나요?
Où est la gare?	역은 어디 있어요?
Je suis perdu.	길을 잃었어요.
Puis-je entrer?	들어가도 되나요?
Il faut réserver?	예약을 해야만 하나요?
Où peut-on acheter un billet?	어디서 티켓을 사야 하나요?
Vous pouvez écrire le prix?	가격을 적어주시겠어요?
Vous avez prévu quelque chose ce soir?	오늘 저녁에 계획이 있으세요?

어휘 플러스

부탁해!	**S'il te plaît!** 씰뜨쁠래
부탁합니다.	**S'il vous plaît!** 씰부쁠래
제 신분증	**ma carte d'identité** 마꺄흐뜨디덩띠떼
제 여권	**mon passeport** 몽빠쓰뽀흐
외국인	**l'étranger** 래트항제
대한민국	**La Corée du Sud** 라꼬헤뒤쉬드
조선인민공화국	**La Corée du Nord** 라꼬헤뒤노흐
비흡연자	**le non-fumeur** 르농퓌뫠흐
셀프서비스	**Le libre-service** 르리브흐쎄흐비쓰
무료	**gratuit** 그하뛰
비싸네요!	**C'est cher!** 쎄쉐흐
이것	**Ça** 싸
안내	**Accueil** 악꽤이
개장시간	**Heures d'ouverture** 왜흐두배흐뛰흐
언제	**Quand** 껑
어디서	**Où** 우
무엇을	**Qu'est-ce que** 께쓰끄
어떻게	**Comment** 꼬멍
왜	**Pourquoi** 뿌후꾸와
– 있나요?	**Il y a** 일리아
원합니다.	**Je voudrais** 즈부드해
–해도 되나요?	**Puis-je** 쀠이즈

프랑스가 궁금해

도도한 프랑스인, '츤데레'?

프랑스인들에게 인간관계의 심리적, 물리적 안전거리가 중요하다. 그래서 나이, 결혼유무, 학력, 직장, 과거에 대한 사적인 질문을 함부로 던지지 않는다. 이들은 이런 태도를 알베르 까뮈의 〈이방인L'étranger d'Albert Camus〉에서는 '세상의 친절한 무관심La tendre indifférence du monde'이라고 한다.

그렇지만 재해 속 인명구조, 테러로 인한 인명피해 상황에서는 다같이 분노하고 행동하고 깊게 슬퍼한다.

일반적인 상점, 식당에서도 고객을 왕으로 모시지 않는다. 고객을 사랑하지도 않는다. 상점에서 무례하게 굴면 고객이 쫓겨나고, 종업원들에게 감정노동을 강요하지 않는 편이다. 자기네끼리 이야기를 하느라 일 처리가 느린 슈퍼마켓 계산원을 만나거나, 카페 종업원이 찻잔을 던지듯이 내려놓아도 인종 차별한다고 성급히 판단하지 말자. 프랑스인들끼리도 서로 그런다.

결론적으로

Bonjour [봉주흐] 안녕하세요.

Pardon [빠흐동] 실례합니다.

Excusez-moi [엑스큐제무아] 실례합니다.

위 세 문장으로 인종차별을 느끼지 않고 '인간대접'을 더 받을 수 있다.

Nuna 만나서 반가워요. 저는 여행 중입니다.

Enchantée. Je suis en voyage.

엉셩떼 즈쒸이 엉브와이아즈

Jean 반갑습니다!

Enchanté!

엉썽떼

Jean 저는 파리에 사는 남자인데요.

Je suis parisien.

즈쒸이 빠히지엉

Nuna 저는 서울에 살고 있어요.

Moi, j'habite à Séoul.

무와 쟈비따 쎄울

Jean 저는 대학생입니다.

Je suis étudiant.

즈쒸이 에뛰디엉

Nuna 저도 대학생입니다.

Moi aussi, je suis étudiante.

무와옷씨 즈쒸이 에뛰디엉뜨

Jean 좋은 여행되시길!

Bon voyage!

봉브와이아즈

Nuna	감사합니다. **Merci.** 메흐씨
Jean	다음에 뵙겠습니다! **À bientôt!** 아비앙또
Nuna	네! 안녕히 계세요. **Oui! Au revoir.** 위 오흐부와흐

---

enchanté 엉셩떼 반가워(요) 남성이 말할 때
je suis 즈쒸이 나는 ~이다.
en voyage 엉브와이아즈 여행 중
enchantée 엉셩떼 반가워(요) 여성이 말할 때
parisien 빠히지엉 파리에 사는 남자
j'habite 쟈비뜨 나는 ~에 산다.
à 아 ~에
étudiant 에뛰디엉 남자 대학생
étudiante 에뛰디엉뜨 여대생
moi aussi 무와옷씨 저도

• 프랑스인의 선입견

프랑스인은 성적으로 자유롭고, 자기 주장이 확실한가?

프랑스는 일요일에 TV에서 공식적으로 카톨릭 미사를 방송한다. 프랑스 영화에서 보는 자유로움만이 전부인 나라는 아니다. 전통적이고 법과 약속을 준수하고 시민불복종의 권리도 지키는 절도의 나라다.

프랑스에서는 '가만히 있다가 가마니'가 된다. 개성, 자율, 참여, 자유의 가치를 어려서부터 배운다. 주장을 적절히 표현 하는 방법을 토론과 철학을 통해 알아간다. 오죽하면 작가 프랑소와즈 사강이 마약혐의로 법정에 서서 '나는 나를 파괴할 권리가 있다.'라는 주장을 펼칠 정도일까! 나 자신의 우상으로 섬기고 사는 법을 그들이 알고 있는 것은 확실하다. 남과 비교하지 않는 삶이 자유의 정의인 듯하다.

유용한 회화 표현

1-4.mp3

Bonjour	안녕하세요.
Salut!	안녕.
Enchanté	만나서 반갑습니다.
Bonsoir	안녕하세요. (저녁인사)
Bonne nuit	안녕히 주무세요.
Comment ça va?	잘 지내요?
Bien, merci.	잘 지내요, 감사합니다.
De rien.	천만에요.
Vous vous appelez comment?	당신의 이름은 무엇입니까?
Tu t'appelles comment?	네 이름은 뭐니?
Je m'appelle Nuna.	내 이름은 누나야.
Il s'appelle comment?	그의 이름은 뭐야?
Elle s'appelle comment?	그녀의 이름은 뭐야?
À demain	내일 만나(요).
À bientôt	또 만나(요).

어휘
플러스

나중에 만나요.	À plus 아쁠뤼스
이따가 만나요.	À tout-à-l'heure 아뚜따래흐
바로 후에 만나요.	À tout de suite 아뚜드쑤위뜨
안녕히 계세요.	Au revoir 오흐브와흐
잘 가요.	À Dieu 아디유 (영원한 이별, 작별)
맛있게 드세요.	Bon appétit 보나뻬띠
힘내세요.	Bon courage 봉꾸라쥬
좋은 주말 되세요.	Bon weekend 본위껜
좋은 여행 되세요.	Bon voyage 봉브와이아쥬
일 잘하시고요.	Bon travail 봉트하바일
가격이 싸네요.	Bon marché 봉마흐쉐
잘 돌아가세요.	Bon retour 봉허뚜흐
좋은 생각이네요.	Bonne idée 본이데
좋은 질문이에요.	Bonne question 본꿰쓰씨옹
생일 축하합니다.	Bon anniversaire 본아니베흐쎄흐
좋은 저녁 되세요.	Bonne soirée 본쑤와헤
새해 복 많이 받으세요.	Bonne année 본아네
건강하세요.	Bonne santé 본썽떼
좋은 방향이에요.	Bonne direction 본디헥씨옹
행운을 빌어요.	Bonne chance 본샹쓰
좋은 소식들이네요.	Bonnes nouvelles 본누벨
휴가 잘 보내세요.	Bonnes vacances 본바캉쓰

프랑스가 궁금해

Bonjour [봉주흐] 인사와 Au revoir [오흐부와흐] 작별인사

해가 떠 있을 때	Bonjour [봉주흐] 안녕하세요.
해가 졌을 때	Bonsoir [봉수와흐] 안녕하세요.
헤어질 때	Au revoir [오흐브와흐] 안녕히 계세요.
만남을 기약할 때	À bientôt [아비앙또] 다음에 만나요.

직역하면 Bonjour는 '좋은 날', Bonsoir는 '좋은 저녁'이라는 뜻이다.

합성단어인

Bonjour [봉주흐] = Bon 좋은(형용사) + jour 날(남성명사)

Bonsoir [봉수와흐] = Bon 좋은(형용사) + soir 저녁(남성명사)

다른 표현 Salut[쌀뤼]도 친한 사이 또는 처음 만나도 학생들의 모임에서 많이 사용한다. 처음 만났을 때는 Bonjour[봉주흐], Bonsoir[봉수와흐]로 인사하고, 친구가 되었을 때는 Salut[쌀뤼]도 좋다. 인사에 호칭을 붙히면 더 정중해진다.

남성에게는 Bonjour Monsieur [봉주흐 므쓰외]

직장여성과 기혼여성에게는 Bonjour Madame [봉주흐 마담]

나이가 어리거나 미혼여성에게는 Bonjour Mademoiselle [봉주흐 마드무와젤]

- **문학작품 제목에서 인사표현 Bonjour**

  〈Bonjour Tristesse (슬픔이여 안녕)〉, 1954년, 프랑수아즈 사강

  비극으로 끝나는 아버지의 재혼을 방해하는 에피소드를 바탕으로 상처와 성숙의 이야기다.

- **영화 제목에서 인사표현 Au revoir**

  〈Au revoir, les enfants (굿바이 칠드런)〉, 1987년, 루이말 감독

  2차세계대전이 배경인 영화로 카톨릭기숙학교 소년들의 잔인한 역사와 예민한 성장과정을 보여주는 영화다.

중요표현

Jean

안녕하세요. 잘 지내세요?

Bonjour, ça va?

봉주호 싸바

Nuna

잘 지냅니다. 당신은?

Ça va bien! Et vous?

싸 바 비앙 에 부

Jean

네, 아주 잘 지냅니다.

Oui, ça va très bien!

위 싸 바 트헤비앙

Nuna

뭐라구요?

Pardon?

파호동

Jean

아주 잘 지낸다고요!

Ça va très bien!

싸 바 트헤 비앙

Nuna

천천히 말해 주세요, 부탁드립니다.

Lentement, s'il vous plaît!

렁뜨멍 씰부쁠래

Jean

아주 잘 지냅니다!

Ça va très bien!

싸 바 트헤 비앙

Nuna

네, 이해되요.

Oui, je comprends.

위 즈 꽁프헝

Jean

당신은 지적이시네요!

Vous êtes intelligente!

부 재뜨 엥뗄리졍뜨

Nuna

당신은 친절하시네요!

Vous êtes gentil!

부 재뜨 졍띠

---

et 애 그리고

vous 부 당신은

très 트헤 매우

bien 비앙 잘

pardon 빠흐동 뭐라구요

lentement 렁뜨멍 천천히

comprends 꽁프헝 이해하다

vous êtes 부재뜨 당신은 ~합니다

intelligente 엥뗄리졍뜨 지적인

gentil 졍띠 착한, 친절한

• 소매치기를 조심하자

현지인처럼, 소매치기를 피하는 방법

1. 동유럽 출신 집시 소매치기는 10대 소녀, 중년여자가 많다. 피부가 까맣고 흑발, 차림새가 지저분하고 머리를 하나로 묶고 2~3명이 팀으로 움직이고 그 중 한 명은 크로스백을 맨다.
2. 누가 옷에 아이스크림, 음료수를 묻히면 화장실에 가서 씻을 때, 옷 빠는 사이에 화장실로 따라와 슬며시 지갑을 훔쳐갈 수 있다.

3. 소매치기는 카메라, 스마트폰, 지갑을 주로 노린다.
4. 크로스백, 숄더백을 아기를 안 듯 앞쪽으로 끌어안고 다니자.
5. 공공장소에서 가방, 카메라를 둔 채 화장 고치는데 집중하지 말자.
6. 에펠탑이나 파리를 사랑한다는 관광객 티셔츠를 입지 않는다.
7. 지도는 숙소에서 보고 거리에서는 스마트폰 지도 어플이 좋다.
8. 큰 배낭은 숙소에 두고 보이는 복대는 소매치기의 타켓이 될 수 있다.
9. 온 몸에 문신을 했던, 상의를 벗고 해수욕을 하든 빤히 쳐다보지 않는다.
10. 유로 밑 동전단위 centime [상팀, 1/100유로] 동전들을 익히자.

유용한 회화 표현

1-6.mp3

Oui, d'accord	네, 동의해요.
Non, merci.	아니에요, 괜찮아요. (감사합니다.)
S'il te plaît	부탁해.
S'il vous plaît	부탁합니다.
Merci beaucoup	너무 감사합니다.
D'accord	알겠습니다.
Pardon?	뭐라고요?
Excusez-moi	미안합니다.
Désolé / Désolée	미안해(남성)/미안해(여성)
Je ne sais pas.	모르겠어(요).
Je ne comprends pas.	이해가 안돼(요).
Vous pouvez répéter?	반복해 주시겠어요?
Je ne parle pas français.	저는 프랑스어를 하지 않습니다.
Vous parlez anglais?	당신께서는 영어를 하세요?
Comment dit-on en français?	프랑스어로 어떻게 말하죠?

어휘 플러스

개장 시간	**Horaires d'ouverture** 오래흐 두베흐뛰흐
열리는	**Ouvert** 우베흐
닫히는	**Fermé** 페흐베
할인	**Réduction** 헤뒥씨옹
무료	**Gratuit** 그하뛰
화장실	**Toilettes** 뚜와렛뜨
입구	**Entrée** 엉트헤
출구	**Sortie** 쏘흐띠
비상출구	**Sortie de secours** 쏘흐띠 드 쓰꾸흐
금지	**Interdit** 엥떼흐디 **Défendu** 데펑뒤
남자	**Homme** 옴
여자	**Femme** 팜
어린이	**Enfant** 엉펑
장애인	**handicapés** 엉디까뻬
정류장	**Arrêt** 아헤
미세요	**Poussez** 뿌쎄
당기세요	**Tirez** 티헤
기다리세요	**Attendez** 아땅대 **Patientez** 빠씨엉떼
주차금지	**Stationnement interdit** 쓰따씨온느멍 엥떼흐디
흡연금지	**Interdiction de fumer** 엥떼흐딕씨옹 드 퓌메

프랑스가 궁금해

파리지엔느, 그 기분 좋고 살아 있는 느낌

파리지엔느(Parisienne)는 분명히 여자다. 한국남자들은 파리에 유학가서 '나 빠리지엔느 됐다'라고 말하면 커밍아웃이 된다. 남자는 파리지앵(Parisien), 여자는 파리지엔느(Parisienne), 좀 더 프랑스식으로 발음하면 '빠히지엔느'이다.

파리지엔느 스타일? 프렌치쉬크? 영화를 보면 런던걸은 요가, 뉴욕걸은 조깅을 하는데 파리지엔느는 물병을 들고 걷는다. 그리고 또 파리는 습도가 높고 바람이 많아서 그런지 파리지엔느 (Parisienne)는 머리가 부스스하다.

영화배우들중 〈블루〉, 〈데미지〉의 줄리엣 비노쉬(Juliette Binoche), 〈비기너스〉의 멜라니 로랑(Mélanie Laurent), 〈내일을 위한 시간〉의 마리옹 꼬띠아르(Marion Cotillard)와 같은 파리지엔느의 일상과 공항 패션을 보면, 올스타일링하는 이반카 트럼프(Ivanka Trump)와는 정말 다르다.

쉬크한 그녀들은 거울을 볼 때 '무엇을 빼야 하나' 하고 절제한다. 여성복 브랜드 BCBG[베쎄베제]는 프랑스어 'Bon Chic Bon Genre(영어로는 Good Style, Good Class)의 머리 글자로 '스타일이 좋은 부유층'를 뜻한다. 'Elle est BCBG.(그녀는 BCBG이다.)' 이렇게 프랑스어 문장으로 표현하기도 한다.

드레스 문화 때문인지 상의를 벗는 것은 문제가 안된다, 그러나 하의실종 패션을 싫어한다. 프랑스인들은 격식있는 자리에 초미니 스커트나 짧은 반바지는 쉬크하지도 우아하지도 않다고 생각한다.' 물론 어떤 여자는 부스스한 사자머리에, 거지처럼 보이기 딱 좋은 낡은 패치워크 배낭에, 혼자서 카페에서 말아서 피는 담배를 침묻혀가며 말고 있다. 이런 여자도 파리지엔느이고 올블랙으로 차려 입은 여자도 파리지엔느다. 파리지엔느는 명품가방 없이 완판녀 모방없이 쉬크하다. 연예인과 재벌가 여성들을 벤치마킹하지 않는다. 생긴대로 가진대로 꾸미고 당당하다. 작가로 활동중인 데브라 올리비에(Debra Ollivier)는 프랑스 남자와 결혼한 미국 여기자이다. 그녀가 집필한 책 〈여성 그 기분 좋고 살아있는 느낌〉은 독립적이고 자유로운 프랑스 여자들을 잘 느끼고 표현한 책이다. 프랑스 여자들은 일상의 신념을 가지고 있다. 그것은 '정치적 무관심보다 유행에 뒤지는 것은 없다'라는 것이다.

Nuna

저는 서울에서 왔어요.

Je viens de Séoul.

즈 비앙 드 쎄울

Jean

저는 파리에서 왔어요.

Moi, je viens de Paris.

무와 즈 비앙 드 빠히

Nuna

저는 행복해요.

Je suis heureuse.

즈 쑤위 외해즈

Jean

왜요?

Pourquoi?

뿌후꾸와

Nuna

왜냐하면 파리에 있으니까요.

Parce que je suis à Paris.

빠쓰끄 즈쒸이 아빠히

Jean

좋네요!

C'est bien!

쎄 비앙

Nuna

저는 프랑스가 너무 좋아요.

J'adore la France.

자도흐 라프헝쓰

Jean　저는, 한국이 너무 좋습니다.

Moi, j'adore la Corée.

무와 자도흐 라꼬헤

Nuna　저는 프랑스 샹송들이 너무 좋아요.

J'adore les chansons françaises.

자도흐 래샹쏭 프헝쌔즈

Jean　저는 한국영화들이 너무 좋습니다.

J'adore les films coréens.

자도흐 래필므 꼬헤앙

---

viens de 비앙드 ~로 부터 오다
heureux 왜회 행복한 (남성)
heureuse 왜회즈 행복한 (여성)
pourquoi 뿌후꾸와 왜
parce que 빠쓰끄 왜냐하면
bien 비앙 좋은
j'adore 자도흐 나는 ~를 너무 좋아하다
la France 라프헝쓰 프랑스
la Corée 라꼬헤 한국
le film 르필므 영화

• 프랑스인들은 몸으로 말해요!

이름과 출신학교, 국적 그 어떤 것도 적지 않고 작품만을 제출해서 심사를 하는 영예로운 '폴 메이몽 건축상'을 수상한 백희성 건축가의 일화다.

그가 쓴 〈환상적 생각〉에 이런 내용이 나온다. 제스처를 많이 사용하는 프랑스인들에게 익숙해져 한국에 귀국해 손을 많이 써서 말했더니 한국 남자들이 자신을 불편해 했다고 한다. 건축 전공자들만의 남성적 분위기가 있을 수도 있겠다. 그래서 프랑스에 돌아가서 다시 한국남자답게 목소리로만 대화를 했더니, 이번엔 프랑스 동료들이 서울에 갔을 때 집안에 누가 돌아가셨냐고 물었다고 한다.

유용한 회화 표현

1-8.mp3

D'où venez-vous?	어디서 오셨어요?
Vous êtes marié?	당신은 결혼을 했습니까?
Je suis coréen.	저는 한국남자입니다.
Je suis coréenne.	저는 한국여성입니다.
Je suis français.	저는 프랑스남자입니다.
Je suis française.	저는 프랑스여성입니다.
Je suis célibataire.	저는 독신입니다.
J'ai un copain.	저는 남자친구가 있어요.
J'ai une copine.	저는 여자친구가 있어요.
Je suis marié.	저는 결혼했습니다.
Je suis mariée.	저는 결혼했어요. (여성)
Je suis divorcé.	저는 이혼했습니다.
Je suis divorcée.	저는 이혼했어요. (여성)
Vous avez des enfants?	당신은 자녀들이 있으십니까?
J'ai deux enfants.	저는 아이가 둘입니다.

어휘 플러스

제 꿈	**Mon rêve** 몽 헤브
저의 철학	**Ma philosophie** 마 필로조피
저희 가족	**Ma famille** 마 파미으
저희 학교	**Mon école** 몬 에꼴
저희 회사	**Ma société** 마 쏘씨에떼
우리나라	**Mon pays** 몽 뻬이
저희 교수님	**Mon professeur** 몽 프호페쐐흐
저희 사장님	**Mon patron** 몽 빠트홍
내 과거	**Mon passé** 몽 빠쎄
저의 미래	**Mon futur** 몽 퓌뛰흐
저희 아버지	**Mon père** 몽 뻬흐
저희 어머니	**Ma mère** 마 메흐
저희 남편	**Mon mari** 몽 마히
저희 부인	**Ma femme** 마 팜
저희 아들	**Mon fils** 몽 피스
저희 딸	**Ma fille** 마 피으
저희 형/동생	**Mon frère** 몽 프헤흐
저희 언니/여동생	**Ma sœur** 마 쐐흐
한국인 남성	**Un coréen** 엥 꼬헤앙
한국인 여성	**Une coréenne** 윈 꼬헤엔느
프랑스 남성	**Un français** 엥 프헝쌔
프랑스 여성	**Une française** 윈 프헝쌔즈

프랑스가 궁금해

노인을 위한 나라는 없다?

활기찬 노인들의 모임이 있는 식당이 맛있다!

파리에서도 지방요리 다 먹을 수 있다. 칠판에 매일 바꾸어 써 놓는 그날의 요리(Le plat du jour)도 신선하고 맛있다. 프랑스인들이 외국인에게 즐겨 추천하는 프랑스 요리들은 뵈프 부르기뇽(bœuf bourguignon), 그라탕(gratin), 코코뱅(Coq au vin), 키쉬(quiche), 에스카르고(escargot), 블랑켓 드보(Blanquette de veau), 포토푀(Pot au Feu), 스테이크 타르타르(steak tartare) 등이 있다.

- **라따뚜이으** (ratatouille)
  남쪽지방의 전통음식. 양파, 피망, 호박, 가지 등 여러 가지 채소를 식물성 기름에 볶다가 토마토를 썰어 넣은 야채 스튜

- **또마뜨 파르씨** (tomates farcies)
  동남부 지방인 프로방스(Provence)의 전통요리. 토마토의 윗부분을 잘라 속을 파내고 돼지고기와 양파를 다져 채운 후, 오븐에 구운 요리

- **까비요 알-라 크렘** (cabillaud à la crème)
  대구찜. 노르망디지방의 전통요리. 대구를 삶아내어 가시를 발라낸 다음, 생크림 소스를 얹어 먹는다.

- **슈크루트** (choucroute)
  잘게 채로 썬 양배추를 식초에 절여 돼지고기 무릎살, 감자, 훈제소시지 등을 넣어 찐 알자스(Alsace)지방의 전통 음식.

- **라뺑 오-시드르** (lapin au cidre)
  사과주를 넣은 토끼고기 요리로, 사과가 많이 나는 노르망디지방 등의 음식.

- **앙트르꼬뜨 보르들레즈** (entrecôte bordelaise)
  보르도(Bordeaux)식 음식으로, 갈비뼈 사이의 쇠고기 요리

달팽이 요리 Escargot	치즈 fromage, 소시지 Saucisse
거위간 요리 Foie Gras	프랑스식 순대 Boudin noir
프랑스식 육회 Tartare	송로버섯 샐러드 Salade de Truffes

잘 먹는 기술은 결코 하찮은 기술이 아니며 그로 인한 기쁨은 작은 기쁨이 아니다. - 미셸드 몽테뉴

2

만남

첫 만남

기호 표현

요일, 월, 계절

시간 표현

BERNARD TSCHUMI
BERNARD TSCHUMI
Centre Pompidou

Nuna 저는 예술을 공부하고 있어요.

J'étudie l'art.

제뛰디 라흐

Jean 저는 경제학을 공부하고 있습니다.

J'étudie l'économie.

제뛰디 레꼬노미

Nuna 아버지는 교수입니다.

Mon père est professeur.

몽 뻬흐 에 프호페쐐흐

Jean 우리 아버지도요!

Mon père aussi!

몽 뻬흐 옷씨

Nuna 어머니는 포도주를 아주 좋아합니다.

Ma mère adore le vin!

마 베흐 아도흐 르 뱅

Jean 내일 무엇을 하세요?

Vous faites quoi demain?

부 페뜨 꾸와 드맹

Nuna 아무것도 예정된 것은 없어요.

Rien de prévu.

히앙 드 프헤뷔

Jean

우리 퐁피두 센터에 갈까요?

On va au centre Pompidou?

옹바 오 썽트흐 뽕피두?

Nuna

안될 것 없죠?

Pourquoi pas?

뿌후꾸와 빠?

Jean

내일 만나요.

À demain.

아 드맹

j'étudie 제뛰디 나는 ~를 공부하다
mon père 몽뻬흐 나의 아버지
ma mère 마메흐 나의 어머니
aussi 옷씨 ~도
vous faites 부페뜨 당신은 ~를 하다
quoi 꾸와 무엇을
rien 히앙 아무것도
prévu 프헤뷔 예정된
on va 옹바 우리는 간다
demain 드맹 내일

생생 여행 Tip

• Bienvenue, 환영합니다!

프랑스에 도착하면 제일 먼저 만나는 문장이다. '환영합니다'라는 뜻이다.
프랑스어 발음은 Bienvenue[비앙브뉘]이다.
Bienvenue à Paris! 파리에 오신 것을 환영합니다.
Bienvenue à Séoul! 서울에 오신 것을 환영합니다.

한국에서 2008년도 개봉한 〈알로 슈티〉, 이 영화의 프랑스 원제목은 〈Bienvenue chez les ch'tis〉이다. 화려한 햇빛의 프랑스 남부로 전근을 꿈꾸던 우체국 국장이, 억지로 가게된 프랑스 최북단 '슈티'라고 불리는 추운 시골마을 '베르그'에서 경험하는 따뜻하고 유쾌한 우정을 다룬 영화다.

* '슈티(Ch'tis)'란?
프랑스 북부 지역에서 사용하는 사투리 등을 통칭하는 단어이다. 특히 이 지역의 언어는 '슈티 프랑스어(Ch'tis-French)' 사전이 존재할 정도로 프랑스 표준어와 많은 차이가 있다.

유용한 회화 표현

2-2.mp3

Ça va?	잘 지내(요)?
Ça va !	잘 지내(요)!
Vous habitez ici?	당신께서는 여기에서 사세요?
Vous habitez où?	당신은 어디에서 살고 있습니까?
Que faites-vous dans la vie?	당신의 직업은 무엇입니까?
Vous êtes en vacances?	당신은 휴가 중이세요?
Je suis en vacances.	저는 휴가 중입니다.
Je suis en voyage d'affaires.	저는 출장 중입니다.
Je suis étudiant / étudiante.	저는 대학생/여대생 입니다.
Je travaille chez chanel.	저는 샤넬에서 일을 하고 있습니다.
Je suis retraité.	저는 은퇴했습니다.
Je peux avoir votre numéro de téléphone?	당신의 전화번호를 알려주시겠어요?
Je peux avoir votre adresse email?	당신의 이메일을 알려주시겠어요?
Santé !	건배합시다!
Qu'est-ce que vous en pensez?	어떻게 생각하십니까?

어휘 플러스

남성호칭(존칭)	Monsieur 므씨외
여성호칭(존칭)	Madame 마담
아가씨	Mademoiselle 마드무아젤
신사숙녀 여러분	Mesdames et Messieurs 메담에메씨외
학업	Les études 레제뛰드
직업	Le métier 르메띠에
직장인	L'employé(e) 렁쁠루와이에
실업자	Le chômeur 르쇼뫠흐
여행객	Le voyageur 르부와이좌흐
자영업자	L'indépendant 랭데뻥덩
알겠습니다!	D'accord! 다꼬흐
천만에요!	De rien! 드히앙
걱정 마세요!	Pas de soucis! 빠드쑤씨
그럴 리가!	Pas question! 빠꿰쓰씨옹
할 수 없죠!	Tant pis! 떵삐
잘 됐네요!	Tant mieux! 떵미외
나쁘지 않아요. 좋아요!	Pas mal! 빠말
잘 하셨어요!	Bien joué! 비앙주에
애석하네요!	Quel dommage! 꿸도마쥬
페이스북 계정	Un compte Facebook 엥꽁뜨 페이스북크
제 전화번호	Mon numéro de téléphone 몽 뉘메호 드 뗄레폰느
당신 핸드폰번호는?	Votre numéro de portable? 보트흐 뉘메호 드 뽀흐따블

프랑스가 궁금해

비자, 체류기간

프랑스에서는 89일동안 무비자로 머무를 수 있다. 한국 국적자들은 'EU의 쉥겐 조약'에 따라 관광, 가족 방문, 단순 방문 등을 목적으로 90일 미만으로 단기체류시 비자가 면제된다. 비자없이 89일동안 체류할 수 있다.

***쉥겐조약** (2018년 3월 기준)

유럽지역 26개 국가들이 여행과 통행편의를 위해 체결한 협약이며 마치 국경이 없는 한 국가를 여행하는 것처럼 여행이 가능하다.
그리스, 노르웨이, 네덜란드, 벨기에, 독일, 덴마크, 라트비아, 룩셈부르크, 리투아니아, 리히텐슈타인, 몰타, 스웨덴, 스위스, 스페인, 슬로바키아, 슬로베니아, 아이슬란드, 에스토니아, 오스트리아, 이탈리아, 체코, 프랑스, 포르투갈, 폴란드, 핀란드, 헝가리가 조합에 가입했다.
장기체류 프랑스 비자의 종류는 다양한데, 일단 다섯 가지 종류를 많이 신청한다. 신청은 대사관에서 하고 결혼비자를 제외하고 예약을 해야한다.

1) **학생비자:** 담당기관 (캠퍼스프랑스와 대사관), 비자수령까지 2–3개월 예상

2) **학생인턴:** OFII(프랑스 이민 통합국) 양식서, 인턴계약서, 은행 잔고 증명서 등

3) **워킹홀리데이:** 18–30세, 왕복항공권 필수, 범죄수사경력 회보서 등

4) **결혼:** OFII(프랑스 이민 통합국) 양식서, 가족 수첩 원본(Livret de famille) 등

5) **오페어**(Au pair)**:** 프랑스가정에서 아이돌보기, 프랑스 DIRECCTE 승인 원본

자세한 정보와 제출 서류양식등은 아래 사이트에서 다운로드 받을 수 있다.

*캠퍼스 프랑스: www.coree.campusfrance.org

*주한 프랑스 대사관: www.kr.ambafrance.org

Nuna 당신은 케이팝을 좋아하세요?

Vous aimez la K-pop?

부재매 라까뽑

Jean 저는 방탄소년단을 좋아합니다.

J'aime les Bangtan Boys.

잼 레방딴 보이즈

Nuna 아 그러세요?

Ah bon?

아 봉

Jean 저는 케이팝의 모든 그룹을 너무 좋아합니다.

J'adore tous les groupes de K-pop.

자도흐 뚜 레 그흡 드 까뽑

Nuna 멋지네요!

C'est super!

쎄 쒸페흐

Jean 그래서 저는 한국어도 배우고 있습니다.

Alors, j'apprends aussi le coréen.

알로흐 자프헝 옷씨 르 꼬헤엉

Nuna 저도요, 저는 프랑스어를 배우고 있습니다.

Moi aussi, j'apprends le français.

무와 옷씨 자프헝 르 프헝쌔

Jean

저는 매일 방탄소년단의 페이크 러브 노래를 들어요.

J'écoute FAKE LOVE de BTS tous les jours!

제꾸뜨 페이크 러브 드 베떼에쓰 뚤 레 주흐

Nuna

당신은 김치도 좋아하세요?

Vous aimez aussi le Kimchi?

부 재매 옷씨 르 김치

Jean

네, 맛있어요.

Oui, c'est bon.

위 쎄봉

---

vous aimez 부 재매 당신은 ~를 사랑한다/좋아한다
aussi 옷씨 ~도
la K-pop 라까뽑 케이팝
j'aime 잼 나는 ~를 사랑하다/좋아하다
Ah bon? 아 봉 아 그러세요?
J'adore 자도흐 나는 ~를 열렬히 좋아하다
tous les jours 뚤 레 주흐 매일
j'apprends 자프헝 나는 배운다
le coréen 르 꼬헤엉 한국어
le français 르 프헝쌔 프랑스어

생생 여행 *Tip*

• 와인은 물을 머금은 햇빛이다

프랑스의 포도주 등급은 차례대로 AOC(Appellation d'Origine Contrôlée), VDQS(Vin Délimité de Qualité Supérieure), VdP(Vin de Pays), VdT(Vin de Table) 순이다. AOC는 가장 우수한 등급의 와인으로 원산지 명칭과 품질기준이 엄격히 통제된다. 그 다음 VDQS는 AOC에 들어가려고 하는 대기 와인이고, VdP는 와인 생산 지방명이 표시된 와인, VdT이 테이블 와인이다. 생테밀리옹, 베르주락, 샤블리 등 유명 와인 브랜드는 프랑스의 도시명이기도 하다. 구입은 모노프리(Monoprix) 등 마트, 봉마르쉐(Bon Marché) 등 유명 백화점, 니콜라(NICOLAS) 와인 체인점에서 가격을 보고 고르면 된다. 가뭄이 들어 포도가 달아지는 지역의 와인은 프랑스인들이 사재기를 하니, 와인 진열라인에서 살펴보면, 유난히 쑥 파인 데서 고르면 된다.

해밍웨이가 너무나 사랑해서 손녀의 이름을 마르고로 지었다는 그 와인, 샤토 마르고(Château Margaux). 샤토는 프랑스어로 성을 가리킨다. 오른쪽의 라벨에 그려져 있는 4층 높이 마르고 성은 1881년 루이 꽁브라는 건축가가 설계했고 프랑스의 국가 기념물이다. 와인은 신과 자연의 선물이고 인간의 노력의 결과라고 프랑스인은 굳게 믿는다.

유용한 회화 표현

2-4.mp3

Vous n'aimez pas ça?	당신은 이것을 좋아하지 않아요?
Qu'est-ce que vous voulez faire?	당신은 무엇을 하길 원해요?
J'aime ça.	저는 이것이 좋아요.
Je n'aime pas ça.	저는 이것을 좋아하지 않아요.
J'adore ça.	저는 이것이 너무 좋아요.
Je déteste ça.	저는 이것이 너무 싫어요.
J'aime beaucoup ça.	저는 이것이 아주 좋은데요.
J'aime bien ça.	저는 이것이 꽤 좋아요.
Je voudrais prendre ça.	저는 이것으로 할게요.
Je préfère ça.	저는 이것이 더 좋아요.
Mon préféré, c'est ça.	제가 좋아하는 것은요, 이것입니다.
Ça m'est égal.	마찬가지에요. (상관없어요.)
C'est bon!	좋아요! (맛있어요!)
Ce n'est pas bon!	좋지 않아요! (맛있지 않아요!)
C'est beau!	아름다워요!

어휘
플러스

여행	Le voyage 르 브와이아쥬
산행	La randonnée 라 항도네
자전거	Le vélo 르 벨로
축구	Le football 르 풋볼
골프	Le golf 르 골프
영화	Le cinéma 르 시네마
음악회	Le concert 르 꽁세흐
독서	La lecture 라 렉뛰흐
사진	La photographie 라 포토그하피
데생	Le dessin 르 데쎙
음악	La musique 라 뮤지끄
요리	La cuisine 라 뀌진느
식도락	La gastronomie 라 가스트호노미
헬스클럽	Le club de gym 르 끌럽드짐
요가	Le yoga 르 요가
조깅	Le jogging 르 조깅
서예	La calligraphie 라 깔리그하피
바둑	Le go 르 고
뜨개질	Le tricotage 르 트히꼬따즈
비디오 게임	Le jeux vidéo 르 주비데오
목공일	Le bricolage 르 브히꼬라즈
정원 가꾸기	Le jardinage 르 쟈흐디나즈

프랑스가 궁금해

프랑스 스타셰프 폴 보퀴즈와 특색 있는 메뉴명

"튀김말이를 곁들인 로메인주스와 같이 제공되는 바닷가재 라비올리와 올리브유와 민트향 수프"

프랑스 식당에서 메뉴 해석은 또 다른 도전이다. 일단 이탤릭체로 씌여 읽기도 힘들다. 독해하고 이해했어도 요리명이 문장이다. 뭐가 나올지 알수가 없다. 이탈리아면 피자와 파스타, 독일이면 맥주와 소시지, 일본이면 스시 이런식으로 가늠할 수 있지만, 프랑스 요리는 정의가 불가능하다. 요리사에게도 시식을 하는 사람에게도 창의력, 상상력, 담력을 필요로 한다.

2018년 1월20일 프랑스 요리계의 교황으로 '레지옹 도뇌르 슈발리' 훈장을 받은 요리사 폴 보퀴즈(Paul Bocuse)가 91세로 별세했다. 폴 보퀴즈 레스토랑은 미식 레스토랑 가이드인 〈미쉐린 가이드〉의 최고등급인 별 세 개를 50년째 보유하고 있다. 에마뉘엘 마크롱(Emmanuel Macron) 대통령은 "프랑스 전역의 주방에서 요리사들이 눈물을 흘리고 있다"라고 추도했으며, 제라르 콜롱브(Gérard Collomb) 내무장관은 "폴은 단순함과 관대함, 살아있는 예술을 대변한 프랑스 그 자체였다"면서 슬퍼했다.

프랑스 요리사들은 업적, 창의력, 손맛도 이렇게 인정받지만 재료로 승부를 본다. 프랑스 최고급 요리재료로는 푸아그라(거위간), 에스카르고(달팽이), 트뤼프(송로버섯) 등이 있다. 지리적으로 지중해와 대서양을 끼고 있고, 날씨가 온화하여 농수산물, 축산물이 풍부하다. 지역적으로 북쪽지역은 추워서인지 버터가 들어간 음식이 많고, 브르타뉴(Bretagne) 지역 등 해안 주변은 생선튀김과 해산물 모듬이 맛있다. 동쪽지역에는 프랑스령과 독일령으로 오가던 알자스(Alsace) 지역의 포도주로 게뷔르 츠트라미네르(gewurztraminer), 리슬링(riesling), 토카이(tokay), 뮈스카(muscat), 이렇게 네 가지 백포도주가 유명하다. 남쪽지역은 이탈리아와 가까워 올리브유, 마늘, 토마토가 들어간 샐러드(salade) 음식이 많고, 프랑스의 '부산' 격인 '마르세유(Marseille)'는 해물탕인 '부이야베스(bouillabaisse)'가 유명하다.

Jean
여름에 서울은 더운가요?
Il fait chaud à Séoul en été?
일 패 쇼 아 쎄울 언 에떼

Nuna
아주 더워요!
Il fait très chaud!
일 패 트헤 쇼

Jean
겨울은요?
En hiver?
언 이베흐

Nuna
눈이 와요! 그리고 추워요.
Il neige! Et il fait froid.
일 네즈 애 일 패 프화

Jean
당신의 나라는 사계절이 있나요?
Vous avez quatre saisons?
부 자배 꺄트흐 쎄종

Nuna
당연하죠! 프랑스 처럼!
Bien sûr! Comme la France!
비앙 쒸흐 꼼라프헝쓰

Jean
저는요, 겨울에 스트라스부르에 있어요.
Moi, je suis à Strasbourg en hiver.
무와 즈쒸이 아스트하스부흐 언 이베흐

Nuna 왜요?

Pourquoi?

뿌후꾸와?

Jean 왜냐하면 크리스마스 마켓이 아름다워요!

Parce que le marché de Noël est beau!

빠쓰끄 르 마호쉐 드 노엘 에 보

Nuna 스트라스부르도 아름다운가요?

Strasbourg aussi, c'est beau?

스트하쓰부흐 옷씨 쎄보

---

il fait 일패 날씨가 ~하다
chaud 쇼 덥다
froid 프화 춥다
en hiver 언 이베흐 겨울에
vous avez 부 자배 당신은 ~를 가지다
comme 꼼 ~처럼
pourquoi 뿌후꾸와 왜
parce que 빠쓰끄 왜냐하면
c'est 쎄 ~이다
beau 보 아름다운

생생 여행 *Tip*

• 샴페인, 친구여, 나는 지금 별을 마시고 있다네

샴페인(champagne)은 스파클링 와인이다. 그런데 실상 스파클링 와인은 다른 나라에도 있다. 독일은 젝트(Sekt), 이탈리아는 스푸만테(Spumante), 스페인은 카바(Cava)로 부른다. 오직 프랑스 샹파뉴 마을에서 만든 스파클링 와인만 샴페인이다. 그렇게 법으로 정해버렸다. 유명 브랜드 샴페인 Veuve Clicquot[뵈브 끌리코] 병에 'veuve[뵈브]' 라는 단어의 의미는 '과부'다. 1805년 그녀의 남편이 죽자 마담 끌리꼬가 사업을 물려받아 평생 키운 브랜드다. 마담 루이즈 폼메리(Madame Louise Pommery) 브랜드도 유명하다. 그녀도 과부다. 축하를 할 때 자주 마시는 샴페인은 사실은 과부들이 키운 뿌리까지 고독한 술이다. 사랑하는 사람을 잃고 기업을 성장시키고 독립적으로 자신의 삶을 진보시킨 모든 veuve, 모든 여성들, 그리고 그 여성들을 사랑하는 남성들, 샴페인과 함께 건배 Santé[썽떼]를!

돔 페리뇽(Dom Perignon) 샴페인은 300년 역사의 샴페인의 명품, 마릴린 먼로가 즐겼다. 모엣 샹동(Moët & Chandon)은 프랑스 전 시라크 대통령의 애호주다. 볼랭저(Bollinger)는 007 영화의 제임스본드가 감옥에서 나와 호텔에서 주문한다.

https://www.champagne-bollinger.com/en/INT/events/007

유용한 회화 표현

2-6.mp3

On est le combien?	지금 며칠이죠?
On est le 14 février!	2월 14일인데요!
On est en quel mois?	지금 무슨 달이죠?
On est en janvier.	1월인데요.
En février, je suis à Venise	2월에 나는 베네치아에 있어요.
En juillet, je suis à Avignon.	7월에 나는 아비뇽에 있어요.
En septembre, je suis à Deauville.	9월에 도빌에 있어요.
En décembre, je suis à Strasbourg.	12월에 스트라스부르에 있어요.
On est en quelle saison?	지금 무슨 계절이죠?
On est au printemps.	봄이에요.
C'est l'été.	여름입니다.
Au printemps, je suis à Paris.	봄에 저는 파리에 있어요.
En été, je suis à Strasbourg.	여름에는 스트라스부르에 있어요.
En automne, je suis à Bordeaux.	가을에 저는 보르도에 있고요.
En hiver, on est ensemble à Nice.	겨울에 우리는 함께 니스에 있어요.

어휘
플러스

월요일	lundi 랭디
화요일	mardi 마흐디
수요일	mercredi 메흐크흐디
목요일	jeudi 죄디
금요일	vendredi 벙드흐디
토요일	samedi 쌈디
일요일	dimanche 디멍쉬
1월	janvier 정비에
2월	février 페브히에
3월	mars 마흐쓰
4월	avril 아브힐
5월	mai 매
6월	juin 쥬앙
7월	juillet 쥬이에
8월	août 우뜨
9월	septembre 쌥떵브흐
10월	octobre 옥또브흐
11월	novembre 노벙브흐
12월	décembre 데썽브흐
봄	le printemps 프헹떵
여름	l'été 레떼
가을	l'automne 로똔느
겨울	l'hiver 이베흐

프랑스가 궁금해

프랑스인은 호모패셔니쿠스?

파리 시민들은 환절기에는 가죽재킷과 청재킷, 겨울엔 코트와 첼시부츠를 많이 입는다. 컬러를 회화처럼 조화롭게 레이어드룩으로 겹쳐 입는다. 날씨가 변화무쌍한 이유가 크다. 안 꾸민듯 꾸민다. 남쪽지역은 강렬한 원색 또는 자연색의 내츄럴 패션이 강세다.

크리스챤 디올(Christian Dior)은 '우아함이란 자연스럽고 소박하게 남과 차별을 이뤄내는 것, 이것을 벗어난 우아함은 없다. 기껏해야 허세일 뿐!'라고 정의했다.

봄·가을 옷차림: 한국관광객의 등산복 차림을 의아하게 여긴다.

선선한 날씨다. 5-6월에는 아침저녁에는 춥다. 아침에는 영상 5도이다가 낮에 17-18도까지 올라가 덥다고 느낀다. 여행지 몽생미셸(Le Mont-Saint-Michel)도 6-8월에 여행하면 좋은데, 파리와 온도가 같아도 바닷바람이 차가워 따뜻하게 입고 가야 한다.

여름 옷차림: 양산을 쓰지 않고, 초미니스커트 하의 실종패션 조심하자!

우리나라보다 선선하다. 더울 때는 해가 눈부시고 타 들어간다. 습도는 낮아서 그늘에 가면 덥지 않다. 7-8월에는 30도 이상 기온이 올라간다. 프랑스여자들은 여름에 양산을 쓰지 않는다. 드레스 문화로 상의 노출에 대해서는 관대하고, 초미니 스커트나 핫팬츠는 박물관 등의 전통적인 장소에서 좋아하지 않고 직업여성으로 오해받을 수 있다. 아침, 저녁은 쌀쌀하니 니트도 필수다.

겨울 옷차림: 비가 자주 온다.

남부는 겨울에도 영상기온을 유지해 춥지 않다. 그런데 겨울이 우기다. 11월에도 우산을 쓰기도 애매한 흩뿌리는 비가 자주 내린다. 모자 달린 방수가 되는 파카도 좋다. 프랑스인은 거리에서 비를 그냥 맞고 다니는 경우도 많다. 동부 스트라스부르(Strasbourg)도 겨울에 정말 춥다. 반면 남쪽 니스(Nice)는 2월에 파리에서 오리털 파카를 입고 내려가면 사람들이 반팔 티셔츠를 입고 있다. 그렇지만 뼛속까지 스미는 냉기에 은근히 추운 날도 있다.

Jean 지금 몇시에요?

Vous avez l'heure?

부자배 뢔흐

Nuna 지금 14시인데요.

Il est quatorze heures.

일레 꺄또흐쟤흐

Jean 올랄라, 제가 지각이네요.

Oh là là, je suis en retard.

올랄라 즈쒸이 엉허따흐

Nuna 수업이 있어요?

Vous avez un cours?

부자배 엥꾸흐

Jean 14시30분에 수업이 있어요.

J'ai un cours à quatorze heures et demie.

재엥꾸흐 아 꺄또흐쟤흐 에드미

Nuna 저도요. 저는 16시에 수업이 있어요.

Moi aussi, j'ai un cours à seize heures.

무와옷씨 재 엥꾸흐 아 쎄쟤흐

Jean 내일 시간이 있으세요?

Vous avez du temps demain?

부자배 뒤떵 드맹

Nuna 네, 저 시간 있어요.

Oui, j'ai du temps.

위 재 뒤떵

Jean 영화 미드나잇 인 파리 좋아요!

Le film Minuit à Paris est super!

르필므 미뉴위아빠히 에 쒸뻬흐

Nuna 어디서 하는데요?

C'est où?

쎄 우

---

vous avez 부자베 당신은 ~를 가지다

l'heure 뢰흐 시각

demie 드미 반

du temps 뒤떵 시간

un cours 엥꾸흐 수업

moi aussi 무와옷씨 저도요

j'ai 재 나는 ~를 가지다

minuit 미뉘이 자정

c'est 쎄 ~이다

où 우 어디에

• 압생트(absinthe), 예술가의 연인이였던 초록 요정(La fée Verte)

19세기말 빈센트 반 고흐(Vincent van Gogh), 에드가 드가(Edgar De Gas), 피카소(Pablo Picasso), 아르튀르 랭보(Arthur Rimbaud), 샤를 보들레르(Charles Baudelaire), 폴 베를렌느(Paul Verlaine), 기 드 모파상(Guy de Maupassant) 등 수많은 예술가들이 초록요정을 사랑했다. 시인 샤를 보들레르는 〈취하라〉 작품의 영감을 얻었고, 화가 앙리 드 툴루즈 로트렉(Henri de Toulouse-Lautrec)은 초록요정을 마시는 반 고흐를 그렸다.

여기서 말하는 초록요정은 바로 '압생트(absinthe)'라는 술이다. 예술의 빛을 쫓은 슬픈 고독한 술꾼들의 연인이었다.

https://brunch.co.kr/@flyingpiglee/121

압생트를 마시는 빈센트 반 고흐의 초상

폴 베를렌느의 시 – 하늘은 지붕 위로 –

Qu'as-tu fait, ô toi que voilà Pleurant sans cesse,

뭘 했니? 여기 이렇게 있는 너는, 울고만 있는 너는,

Dis, qu'as-tu fait, toi que voilà, De ta jeunesse ?

말해봐, 뭘 했니? 여기 이렇게 있는 너는, 네 젊음을 가지고 뭘 했니?

유용한 회화 표현

2-8.mp3

À quelle heure ça commence?	몇 시에 시작하나요?
À quelle heure ça finit?	몇 시에 끝나요?
Vous êtes en avance.	당신은 일찍 왔어요.
Vous êtes en retard.	당신은 지각입니다.
Vous êtes à l'heure.	당신은 시간에 맞춰 오셨어요.
Il est sept heures du matin.	아침 7시입니다.
Il est midi.	정오입니다.
Il est deux heures de l'après-midi.	오후 2시입니다.
Il est huit heures du soir.	저녁 8시입니다.
Il est minuit.	자정입니다.
Il est tôt.	시간이 이른데요.
Il est tard.	시간이 늦었습니다.
Dans un quart d'heure?	15분후요?
Dans une demi-heure?	30분후에요?
Dans trois quarts d'heure?	45분후요?

어휘 플러스

1시	une heure 윈 뇌호
2시	deux heures 되 좨흐
3시	trois heures 투후와좨흐
4시	quatre heures 꺄트쇄흐
5시	cinq heures 쌩 꽤흐
6시	six heures 씨 좨흐
7시	sept heures 쎄 때흐
8시	huit heures 위 때흐
9시	neuf heures 뇌 봬흐
10시	dix heures 디 좨흐
11시	onze heures 옹 좨흐
12시	douze heures 두 좨흐
13시	treize heures 트헤좨흐
14시	quatorze heures 꺄토흐좨흐
15시	quinze heures 꺵 좨흐
16시	seize heures 쌔 좨흐
17시	dix-sept heures 디쎄때흐
18시	dix-huit heures 디즈위때흐
19시	dix-neuf heures 디즈뇌봬흐
20시	vingt heures 벵 때흐
21시	vingt et une heures 벵 뙤윈놰흐
22시	vingt-deux heures 벵 되좨흐
23시	vingt-trois heures 벵 뚜와좨흐
24시	vingt-quatre heures 벵 꺄트흐왜흐

프랑스가 궁금해 프랑스 유심 카드: 오렌지가 잘 터진다

프랑스의 대표 통신사는 ORANGE와 SFR가 있다.
먼저 ORANGE 통신사는 프랑스로 떠나기전 오렌지 홀리데이 유심카드를 구입하면 편하다. 프랑스어로는 Orange[오헝즈]로 발음한다. 오렌지 유심(트레블 전용유심)과 오렌지 홀리데이 유심을 구별하자. 오렌지 홀리데이 유심(Orange Holiday Sim)이 쓰는 만큼 소모되는 데이터라 더 경제적이다. 개통부터 14일 동안 유럽내 국가 120분 통화와 1,000개 문자 서비스 제공하며 프랑스에서는 오렌지 통신사 와이파이 Wifi도 무료로 전역 사용 가능하다.
유심카드도 스마트폰 기종의 사이즈에 따라서 일반유심, 마이크로 유심, 나노유심용 사이즈 칩 분리가 가능해서 편리하다. 한국의 티몬(www.ticketmonster.co.kr)과 투어퍼즐(www.tourpuzzle.co.kr)에서 4만7천원 정도에 판매한다.

* 미리 SIM을 구매하지 못한 경우 다른 방법

하루는 데이터로밍 한국통신사 이용, 도착 직후 현지 구입 가능하다.
agence.orange.fr에 들어가 네모칸에 우편번호나 주소를 입력하면 가장 가까운 오렌지 부띠끄(Boutique) 매장주소가 뜬다. 40유로다.
추가충전 사이트는 topup.orange.com이다.

* SFR 유심카드는 공항 RELAY 매장이나 TABAC 매장에서 판매한다.

1) 가장 저렴한 충전용 유심 10유로를 넣고 963에 전화(5유로만 사용가능)
2) 비밀번호 문자를 기다려야 한다. (밤에는 이 비밀번호 문자가 안온다.)
3) www.sfr.fr에 개인정보등록을 하면 추가 5유로 어치 사용가능하다.
   필요시 요금제 충전을 한다.

* 유의사항 - 컨트리락이 해제되어 있어야 한다. (한국 가입통신사 고객센터에서 확인)
- 데이터로밍 자동차단 서비스를 해지해야 해외유심 이용 가능

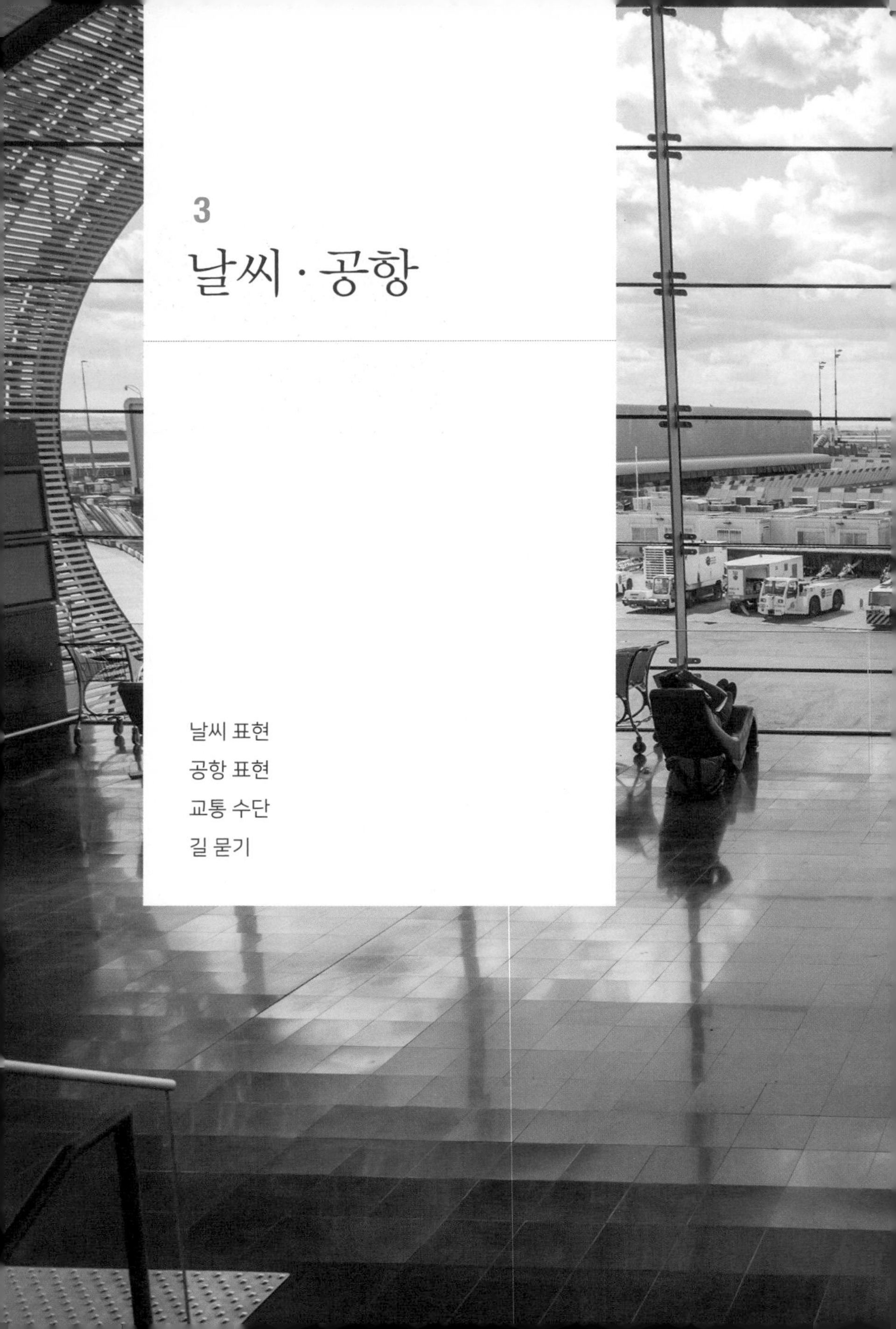

3
날씨 · 공항

날씨 표현

공항 표현

교통 수단

길 묻기

날씨 표현

Professeur

안녕하세요, 마드무와젤!

Bonjour, Mademoiselle!

봉주흐 마드무와젤

Nuna

안녕하세요, 선생님!

Bonjour, Monsieur!

봉주흐 므씨외

Professeur

일찍 왔네요!

Vous êtes en avance!

부재뜨 언 아방쓰

Nuna

전 선생님의 수업이 너무 좋아요!

J'adore votre cours!

자도흐 보트흐꾸흐

Professeur

감사합니다! 오늘은 아침 날씨가 좋네요!

Merci! Il fait beau ce matin.

메흐씨 일패보 쓰마땡

Nuna

햇빛이 있어요.

Il y a du soleil.

일 리 아 뒤 쏠레이으

Professeur

그렇지만 오후에는 비 와요.

Mais cet après-midi, il pleut!

매 쎄따프헤-미디 일 쁠뢰

Nuna 파리에 비가 자주 오나요?

Il pleut souvent à Paris?

일 쁠뢰 수벙 아 빠히

Professeur 네!

Oui!

위

Nuna 저는 빗속의 파리가 너무 좋아요.

J'adore Paris sous la pluie.

자도흐 빠히 쑤 라 쁠뤼

---

mademoiselle 마드무와젤 아가씨 존칭
monsieur 므씨외 선생님, 씨, 미스터 존칭
en avance 언아방쓰 일찍
votre cours 보트흐꾸흐 당신의 수업
il fait 일패 날씨가 ~하다
beau 보 아름다운
il pleut 일쁠뢰 비 오다
oui 위 네
sous 쑤 ~밑에
la pluie 라쁠뤼 비

• 깐느(Cannes)는 봄, 아비뇽(Avignon)은 여름

• 봄: 깐느 국제 영화제(Palais des Festivals et des Congrès)

5월 중순 2주 동안 한다. 유명 배우들을 보기 위해 야자수 나무 위에 올라가는 열성팬들이 유럽에도 많다. '작가주의 영화'를 중시한다. 황금종려상 로제타(Rosetta, 1999), 클래스(The Class, 2008), 디판(Dheepan, 2015) 등 절대 빈곤과 절망의 사회, 인간의 구원을 주제로 한 보고난 후 가슴이 먹먹해지는 작품들이다.

• 여름: 아비뇽 국제 연극 페스티발(Festival d'Avignon)

7월 중순부터 8월 중순까지 한달 간 열린다. 공식 선정 부문인 일류 극단의 '인(In)' 공연과 거리, 교회, 창고, 노천극장에서 펼쳐지는 '오프(Off)' 공연이 있다. 그리스 비극, 프랑스 광대극, 모던댄스, 발레, 민속음악, 재즈 전 분야의 아티스트들이 모여 축제를 벌인다.

유용한 회화 표현

3-2.mp3

Il fait quatorze degrés.	14도입니다.
Il fait beau.	날씨가 좋습니다.
Il y a du soleil.	햇빛이 납니다.
Il fait mauvais.	날씨가 나쁩니다.
Il y a des nuages.	구름이 끼었습니다.
Il y a du brouillard.	안개가 있습니다.
Il y a du vent.	바람이 붑니다.
Il fait chaud.	날씨가 덥습니다.
Il va faire plus chaud?	더 날씨가 더워질까요?
Il fait froid.	날씨가 춥습니다.
Il va faire plus froid?	더 날씨가 추워질까요?
Il va geler?	얼어붙을까요?
Mettez un masque!	마스크를 쓰세요!
Prenez votre parapluie!	우산을 챙기세요!
Il y a du verglas sur les routes!	도로에 빙판이 꼈어요.

어휘 플러스

일기예보	**La météo** 라 메떼오 **Le bulletin météo** 르 뷜땡 메떼오
오늘 아침	**Ce matin** 쓰 마뗑
오늘 오후	**Cet après-midi** 쎄 따프헤-미디
오늘 저녁	**Ce soir** 쓰 쑤와흐
오늘밤	**Cette nuit** 쎄뜨 뉴위
지금	**Maintenant** 멩뜨넝
어제	**Hier** 이에흐
오늘	**Aujourd'hui** 오조흐뒤위
내일	**Demain** 드맹
이번 주말	**Ce week-end** 쓰 위-껜
햇빛이 있다.	**Il y a du soleil.** 일리 아 뒤 쏠레이으
날씨가 좋습니다.	**Il fait bon.** 일 패 봉
햇볕이다.	**Il fait soleil.** 일 패 솔레이으
날씨가 흐려요.	**Il fait gris.** 일 패 그히
비가 옵니다.	**Il pleut.** 일 쁠뢰
눈이 옵니다.	**Il neige.** 일 네즈
빙판이다.	**Il y a du verglas.** 일 리 아 뒤 베흐글라
뇌우가 인다.	**Il fait de l'orage.** 일 패 드로하즈
비가 억수같이 온다.	**Il pleut à torrent.** 일 쁠뢰 아 또헝
저는 추워요.	**J'ai froid.** 재 프후와
저는 더워요.	**J'ai chaud.** 재 쇼

프랑스가 궁금해

국제적으로!
나 자신에게서 도망치자!

1. 비행시간은 직항으로 12시간 정도 소요된다.
2. 시차는 한국이 8시간 빠르다. 써머타임 여름에는 7시간
3. 파리에는 세 개의 공항이 있다.

*샤를드골 공항(Aéroport Paris-Charles de Gaulle)

국제공항으로 오를리 공항의 수요를 대처하기 위해 개항하였다. 터미널간 이동은 'CDGVAL' 모노레일 이용한다.(에어프랑스와 대한항공2E터미널, 아시아나항공1E)

*오를리 공항(Aéroport de Paris-Orly)

프랑스 국내선 공항이다. 두 개의 터미널을 운영하며 남쪽, 서쪽 터미널 이동을 위해 무료 전동 셔틀을 운영하고 있다.

*보베–티예 공항(Aéroport de Beauvais-Tillé)

블루에어, 라이언에어 등 저가항공이 취항하고 있으며 국제선 정기 직항편 50여개 주요도시를 연결하고 있다.

공항에서 이동할 때

1. 샤를드골 공항에서 파리 시내 예약숙소를 기준으로 편한 경로를 선택
2. 루아시버스 ROISSY BUS: 시내 중심 오페라 가르니에(Opéra Garnier)까지 한번에 간다.(요금: 11€, 파리 비지트 패스 사용가능, 파리시내까지 1시간정도 소요)
3. 에어프랑스 리무진버스(CARS AIR FRANCE)
   2번은 개선문(Arc de Triomphe)행, 3번은 오를리 공항(Aéroport de Paris-Orly)행, 4번은 몽파르나스행(Gare de Montparnasse) (요금: 17€선, 홈페이지 예약하면 5% 할인)
4. 수도권 고속 교외 지하철 RER B 타고 지하철타기: 샤틀레 레알 역(Gare de Châtelet - Les Halles) 등에 정차 (요금: 1존일 경우 편도 9.75€, 파리비지트 패스 사용가능)
5. 늦게 도착 했을 땐 심야버스 Noctilien140번, 143번 8€ (파리비지트 패스가능) 또는 택시 TAXI (요금: 50-55€)

* 파리 비지트 패스(PARIS VISITE PASS :교통전용) 도 한국에서 여행 관련 사이트(투어퍼즐 : tourpuzzle, 소쿠리: socuripass 등) 가격비교 후 사전구매 가능
  파리 1-3지역 내 지하철, 버스, 트램, RER 교외지하철 등 대중교통 무제한
* 중요약속이 있을 땐 퇴근시간과 맞물리면 차가 막힐 수 있다. 짐을 가지고 이동하기 번거로워도 교외 지하철 RER B와 파리시내 지하철이 낫다.
* 표 검사가 있을 수 있으니 승차권, 영수증 철저히 보관하도록 한다.
* 장기 관광시 나비고 데쿠베흐뜨(NAVIGO DECOUVERTE) 패스가 경제적

공항 표현

Agent

여권을 제시해주세요!

Votre passeport, s'il vous plaît!

보트흐 빠쓰뽀흐 씰 부 쁠래

Nuna

여기 있습니다.

Voilà!

부왈라

Agent

방문목적이 무엇인가요?

Quel est l'objet de votre visite?

껠래 로브제 드 보트흐 비지뜨

Nuna

관광을 하러 왔어요.

Je viens faire du tourisme.

즈비앙 페흐 뒤뚜히즘

Agent

얼마나 머무르십니까?

Vous restez combien de temps?

부헤쓰때 꽁비앙 드떵

Nuna

2주입니다!

Deux semaines!

되 쓰맨느

Agent

어디서 머무를 예정이십니까?

Où allez-vous rester?

우 알래부 헤쓰떼

Nuna
라메종 호텔이요.

À l'hôtel LA MAISON

아 로뗄 라매종

Agent
신고하실 것은 없나요?

Vous n'avez rien à déclarer?

부 나배 히앙 아 데끌라헤

Nuna
아무것도 없습니다.

Non, rien!

농 히앙

---

voilà 부왈라 자 여기 있습니다
quel 껠 어떤
l'objet 로브재 목적
viens 비앙 오다
faire 페흐 하다
tourisme 뚜히즘 관광
restez 헤쓰때 머무르다
combien de 꽁비앙드 얼마나
semaine 쓰맨느 주
rien 히앙 아무것도

• 니스(Nice)를 가지 않고 나이스(Nice)를 말하지 말아요!

• 가을: 보졸레 누보(Beaujolais Nouveau) 포도주 축제

11월 셋째주 목요일에 프랑스 레스토랑마다 '보졸레 누보'가 도착했음을 알린다. 보졸레는 550m의 포도밭과 평균 고도 300m 언덕으로 이루어진 고장이다. 수확한 직후에 마시는 포도주라 맛이 독특하다. 프랑스인은 보졸레 와인처럼 젊게, 부르고뉴 와인처럼 늙어가야 한다고 말한다.

• 겨울: 니스(Nice)의 꽃 카니발(La Bataille de Fleurs)과 망통(Menton)의 레몬 축제(La Fête du Citron)

2월 중순 15일간에 걸쳐 열리는 니스 카니발에 가면 겨울인데 반팔을 입고 다닌다. 에메랄드빛 바다가 어떤 것인지 알게 된다. 그 지중해 연안에서 가장 행렬 속의 왕의 화형식을 보면 신성하다. 니스에서 100번 버스를 타면 1.5유로에 망통 레몬축제에 갈 수 있다. 레몬으로 구현된 틴틴(Tintin), 럭키 루크(Lucky Luke), 아스테릭스(Astérix) 등 유명 만화 주인공들이라 새콤 달콤한 재미가 있다.

유용한 회화 표현

3-4.mp3

Vous n'avez rien à déclarer?	신고할 물건은 없습니까?
Non, rien !	아무것도 없습니다!
Ouvrez votre valise!	여행가방 안을 보여주십시오!
Il faut déclarer à la douane.	세관에 신고하셔야 합니다.
Voici mon passeport.	제 여권입니다.
Voici ma carte d'embarquement.	제 탑승권입니다.
Le vol pour Paris est à l'heure?	파리행 항공편 정시에 출발하나요?
Le vol est en retard?	비행기가 늦습니까?
Le vol est en retard de combien de temps ?	얼마 정도 비행기가 늦나요?
À quelle heure est l'embarquement ?	탑승은 몇 시죠?
Je ne trouve pas mes bagages.	제 수하물을 못 찾겠어요.
Ma valise n'est pas encore là.	제 짐은 아직 안 나왔어요.
Quel est le taux de change?	환율이 어떻게 되죠?
Je voudrais changer ceci en euros.	유로로 환전해 주세요.
Il y a une erreur.	착오가 있어요.

어휘 플러스

여권	**le passeport** 르 빠쓰뽀흐
탑승권	**la carte d'embarquement** 라 꺄흐뜨덩바흐끄멍
입국 신고서	**la carte de débarquement** 라 꺄흐뜨드데바흐끄멍
입국 심사	**le contrôle des passeports** 르 꽁트홀 데 빠쓰뽀흐
세관 검사	**le contrôle douanier** 르 꽁트홀두아니에
세관 신고	**la déclaration de douane** 라 데끌라하씨옹 드 두완
면세점	**le magasin hors taxe** 르 마가장 오흐 딱스
항공사	**la compagnie aérienne** 라 꽁빠니 에헤히엔느
여승무원	**l'hôtesse de l'air** 로떼쓰드레흐
공항	**l'aéroport** 라애호뽀흐
비행기	**l'avion** 라비옹
조종사	**le pilote** 르 삘로트
항공편	**le vol** 르 볼
수하물교환권	**les tickets d'enregistrement** 레 띠께 덩허지스트멍
짐 찾는 곳	**la livraison des bagages** 라 리브해종 데 바가쥬
기내식	**le repas servi à bord** 르 허빠 쎄흐비 아보흐
1등석 티켓	**un billet de première classe** 엥 비에 드 프허미에흐 끌라쓰
2등석 티켓	**un billet de seconde classe** 엥 비에 드 스공드 끌라쓰
편도표	**un billet simple** 엥 비에 쌍쁠르
왕복표	**un billet aller-retour** 엥 비에 알레-허뚜흐
환전하는 곳	**un bureau de change** 엥 뷰호 드샹즈
세관	**la douane** 라 두완

프랑스가 궁금해

세금에 눌린다. 면세라도 받자!

Détaxe[데딱스]가 프랑스어로 세금 환급이라는 뜻이다. TAX FREE/TAX REFUND/VAT REFUND 로고가 붙어있는 매장에서 구입한 제품이 해당된다. 한 매장에서 175.01€ 이상 구매시 환급하며, 부가세율은 19.6%다.

공항에서 파블로 택스 리펀 바코드 기계의 맨 위쪽 흰색으로 'DETAXE'라고 씌여 있고 바코드를 입력한다. 구매 품목은 공항에서 택스 리펀 처리를 할 때 반드시 소지, 택스리펀 전엔 구매품목을 사용하면 안된다.

유의사항

* 사람들이 몰릴 수 있으니 일찍 공항에 도착해서, 가자마자 택스리펀을 받는다.
* 체크인을 위해 면세받을 물건을 캐리어에 넣고 수화물로 부치면 세관에서 물건 확인을 할 수 없다.
* 심지어 택스리펀 서류를 캐리어에 넣고 부치는 실수를 하지 않도록 유의하자!
* 만약의 경우를 대비해 모든 서류는 핸드폰으로 찍어두자!

1) 만 16세 이상
2) 유럽에서 6개월 이상 체류하지 않은 자
3) 하루에 같은 상호명의 가게에서 175.01€ 이상 결제
4) 여권 원본, 보딩패스 혹은 E-ticket, 항공권예매내역 프린트
5) 택스리펀 대상 구매품을 마지막 들리는 도시 공항 세관에서 제시 증명 (단, EU국이 아닌 노르웨이, 아이슬란드, 스위스등 나라는 택스리펀 처리가 원활하지 않은 경우가 발생)

TAX REFUND 택스리펀 환급 방법

1) 공항에서 직접 현금으로 받기(환급률 약 10%, 서류 한 장당 3€ 수수료)
2) 카드 현금이체 환급(환급률 12% 조금 높지만 평균 1~3달 소요)
3) 선택스 리펀(15일이내 EU국가를 통해 출국, 구매처에서 택스리펀 환급가 적용)발급기간이 2개월 이상 남은 신용카드, 파리에서 한국으로 출국시 파블로 기계에 바코드를 반드시 찍어야 한다.

파리 PABLO 면세 기계

교통 수단

Nuna

안녕하세요 아저씨, 이 버스가 가르니에 오페라에 가나요?

Bonjour Monsieur, ce bus va à l'opéra Garnier?

봉주호 므씨외 쓰뷔쓰 바 아로뻬하 갸흐니에

Chauffeur

네.

Oui.

위

Nuna

오르세 미술관에 가기 위해서는?

Pour aller au musée d'Orsay?

뿌흐 알레 오 뮈제 도흐쎄

Chauffeur

82번을 타세요.

Prenez le numéro 82.

프허재 르 뉘메호 갸트흐벵되

Nuna

버스티켓, 얼마인가요?

Le ticket de bus, c'est combien?

르 띠께 드 뷔스 쎄 꽁비앙

Chauffeur

1유로 60상팀입니다.

Un euro soixante!

엔 외호 쑤와썽뜨

Nuna

오페라에 도착하면 제게 말씀해 주시겠어요?

Vous pouvez me dire quand nous arrivons à l'opéra?

부뿌배므디흐 껑누자히봉 아로뻬하

Chauffeur
그렇게 하죠. 그렇지만 오늘 파업이 있네요!

Pas de problème. Mais il y a grève aujourd'hui!

빠 드 프호블램 매 일리아 그헤브 오조흐뒤이

Nuna
문 좀 열어주세요. 저 여기서 내려요.

La porte, s'il vous plaît! Je descends ici.

라 뽀흐뜨 씰부쁠래 즈 데썽 잇씨

Chauffeur
지하철을 타세요.

Prenez le métro.

프허내 르 메트호

---

pour 뿌흐 ~를 하기 위해
au musée 오 뮈제 박물관에
prenez 프허내 타세요
le ticket 르띠께 티켓
combien 꽁비앙 얼마나
dire 디흐 말하다
arrivons 아히봉 도착하다
mais 매 그러나
grève 그헤브 파업
aujourd'hui 오조흐뒤이 오늘
quatre-vingt deux 꺄트흐 뱅 되 82

생생 여행 *Tip*

• 파리 교통관련 어플 RATP, Horaires Me(시간안내), UBER(택시)

파리는 서울의 1/6크기다. 세느강도 미니멀리즘! 파리교통공단은 www.ratp.fr

1. 파리 지하철 Le métro: 첫차는 5시 30분, 막차는 0시 30분이다. RER 파리 근교 지방 급행 전철과 지방도시나 유럽행 기차를 타기 위한 SNCF역과 연결되어 있다.

2. RER 파리 근교 지방 급행 전철: 지하철과 동일한 시간대에 운행하고 A, B, C, D 그리고 E선. 파리 외곽 범위에 따라 요금 차이가 있다.

3. 버스는 첫차는 5시 30분, 저녁은 20시 30분까지 운행. 밤에는 심야버스가 있다. 노선도는 지하철 RER 역에서 구할 수 있다. 지하철, 버스요금은 1장 가격 1.90€ 이고 10장 까르네 묶음으로 사면 20% 저렴하다. Paris Visite 패스도 1-3존, 1-5존 그리고 1-5일간 유효한 기간을 정해 구입하면, 지하철, 버스, RER 모두 무제한 이용가 능해 편리하다.

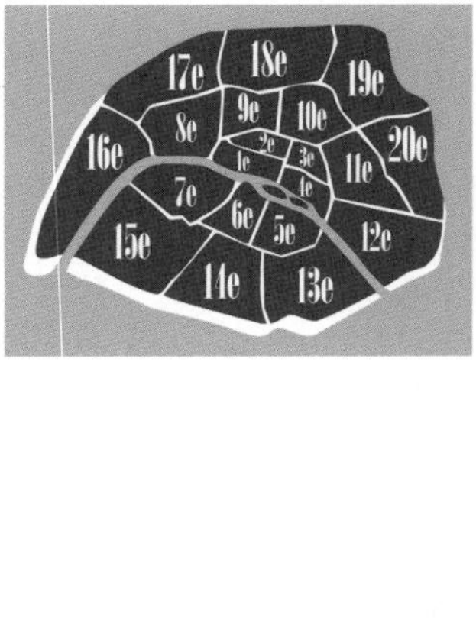

파리는 달팽이 1구-20구

유용한 회화 표현

3-6.mp3

Un billet pour Paris, s'il vous plaît !	파리행 기차표 부탁합니다!
Je voudrais un billet première classe.	1등석 기차표를 원합니다.
Je voudrais un billet deuxième classe.	2등석 기차표를 원합니다.
Il y a une réduction pour les enfants?	어린이 할인이 있습니까?
Il y a une réduction pour les personnes âgées?	노인 할인이 있습니까?
Il faut changer de train!	기차를 바꿔 타셔야 합니다!
Le train arrive à quelle heure à Paris?	기차가 파리에 몇 시에 도착해요?
Combien de temps dure le voyage?	기차시간이 얼마나 걸려요?
Ce train s'arrête à Nancy?	이 기차는 낭시에 서나요?
J'ai une réservation pour cette place.	저는 이 좌석을 예약했습니다.
Où se trouve la station de métro?	지하철역은 어디에 있나요?
Où est l'arrêt de bus?	버스정거장은 어디에 있나요?
Le quatorze s'arrête ici?	14번 여기에 서나요?
Quels bus vont au musée du Louvre?	어떤 버스들이 루브르에 가나요?
Je veux descendre!	저 내려요!

어휘 플러스

버스 역	**la gare routière** 라 갸흐 후띠에흐
첫 번째 버스	**le premier bus** 르 프허미에 뷔쓰
마지막 버스	**le dernier bus** 르 데흐니에 뷔쓰
다음 버스	**le prochain bus** 르 프호셩 뷔쓰
거리, 코스	**le trajet** 르 트하제
복도쪽 좌석	**place côté couloir** 쁠라쓰 꼬떼 꾸루와흐
창가쪽 좌석	**place côté fenêtre** 쁠라쓰 꼬떼 프네트흐
금연석	**place non-fumeur** 쁠라스 농-퓌메흐
미터기	**le compteur** 르 꽁떼흐
운전하세요	**roulez** 훌래
천천히	**lentement** 렁뜨멍
빨리	**vite** 비뜨
지하철티켓	**ticket de métro** 띠께 드 메트호
요금	**tarif** 따히프
창구	**guichet** 귀쇄
출구	**sortie** 쏘흐띠
개찰구	**tourniquet du métro** 뚜흐니께 뒤 메트호
다음역	**la station suivante** 라 스따씨옹 쉬벙뜨
파업	**la grève** 라 그헤브
타세요	**montez** 몽때
내리세요	**descendez** 데썽대
바꿔타세요	**changez** 샹재

프랑스가 궁금해

프랑스 지방으로 이동방법

파리에서 TGV(Train à Grande Vitesse)를 타면

1) 리옹(Lyon) 1시간58분 (수세기의 역사도시이자 미식의 수도)
2) 스트라스부르그(Strasbourg) 2시간21분 (크리스마스와 유럽의 수도)
3) 낭트(Nantes) 2시간 (아름다운 고성들이 주변)
4) 마르세유(Marseille) 3시간5분 (뤽베송의 영화 〈택시〉 배경 되는 항구도시)
5) 보르도(Bordeaux) 3시간19분 (와인의 전설적 도시)
6) 니스(Nice) 5시간36분 (모나코가 가까운 에메랄드빛 바다)
7) 카르카손(Carcassonne) 7시간23분 (밤이 아름다운 복원 중세도시)

*TGV는 초고속열차, TER와 Corail 지방급행열차, 야간열차 Elipsos.
파리의 기차역은 행선지에 따라 6개의 역으로 분산되어 있다.

1) 북역(Gare du Nord) 10구역 : 북동쪽, 북서쪽, 런던 유로스타
   지하철 4, 5선, RER B, D선 / 주소 18 Rue de Dunkerque, 75010
2) 동역(Gare de l'Est) 10구역 : 동쪽(스트라스부르(Strasbourg), 알자스(Alsace) 로렌(lauren), 독일(Allemagne))
   지하철 4, 5, 7선 / 주소 Place du 11 Novembre 1918, 75010
3) 오스테릴리츠역(Gare d'Austerlitz) 13구역 : 뚤루즈(Toulouse) 남쪽방향, 스페인행,
   지하철 5, 10호선, RER C선 / 주소 85 Quai d'Austerlitz, 75013
4) 리옹역(Gare de Lyon) 12구역 : 동남쪽 리옹(Lyon), 니스(Nice), 이탈리아(Italie), 스위스(Suisse)
   지하철 1, 14호선, RER A선 / 주소 Place Louis Armand, 75571 Paris cedex 12
5) 생라자르역(Gare Saint Lazare) 8구역 : 노르망디(Normandie) 서쪽, 북서쪽행
   지하철 3, 12, 13, 14호선 / 주소 13 Rue d'Amsterdam, 75008 Paris
6) 몽파르나스역(Gare Montparnasse) 14, 15구역 : 생말로(Saint-Malo) 등 남서지방,
   지하철 4, 12, 13호선 / 주소 17 Boulevard de Vaugirard, 75741 Paris

길 묻기

Nuna

실례합니다, 마담! 제가 길을 잃었어요.

Pardon, Madame! Je suis perdue!

빠흐동 마담 즈 쒸이 빼흐뒤

Madame

어디에 가시는데요?

Où allez-vous?

우 알래부

Nuna

저는 보쥬광장에 가고 싶습니다.

Je voudrais aller à la Place des Vosges.

즈 부드해 알레 알 라 쁠라쓰 데 보쥬

Madame

완전히 가까워요! 직진해 가세요!

C'est tout près! Vous allez tout droit!

쎄 뚜 프헤 부잘래 뚜두흐와

Nuna

너무 감사합니다, 마담!

Merci beaucoup, Madame!

메흐씨 보꾸 마담

Madame

그 다음에 광장에 도착하세요.

Après vous arrivez à une place.

아프헤 부자히배 아윈쁠라쓰

Nuna

그리고 그 다음에는요?

Et après?

에 아프헤

Madame 오른쪽 첫번째 거리로 걸어가세요.

Vous prenez la première rue à droite.

부 프허내 라 프허미에흐휘 아 드후와뜨

Nuna 당신은 정말 친절하세요.

Vous êtes très gentille.

부재뜨 트헤 졍띠으

Madame 빅토르 위고의 집은 보쥬광장 6번지에 위치해 있어요.

La maison de Victor Hugo est située au 6, Place des Vosges!

라 매종 드 빅토흐 위고 에 씨뛰에 오 씨스, 쁠라쓰 데 보쥬

---

perdue 뻬흐뒤 잃은

où 우 어디에

allez 알래 가다

je voudrais 즈부드해 저는 ~를 원합니다

tout droit 뚜 드후와 직진으로

première 프허미에흐 첫번째

à droite 아 드후와뜨 오른쪽으로

gentille 졍띠이으 착한

la maison 라 매종 집

située 씨뛰에 위치한

생생 여행
Tip

• 도조(DOJO)로 더 좋게 먹고 마시고 그리고 보라!

도조는 언어를 영어로도 설정할 수 있는 어플이다. 파리에서 하는 핫한 콘서트, 전시회 등의 정보와 와인바, 브런치, 맥주집, 카페 등 현지인들의 인기 맛집 확인이 가능하다. 평점도 볼 수 있고 가격대, 메뉴, 운영시간, 위치 등이 적혀 있다. 시티 맵퍼(City Mapper), 우버(Uber), 구글 맵을 같이 쓸 수 있어 현재 위치에서 원하는 장소의 위치로 쉽게 갈 수 있다.

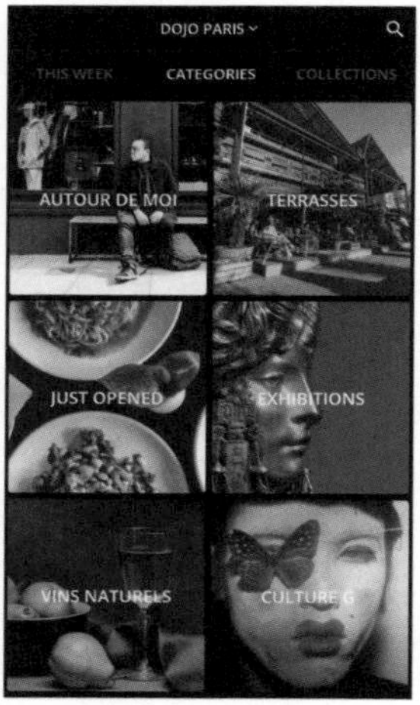

BARS À COCTAILS 칵테일바

STREET FOOD 스트릿푸드

BRUNCH 브런치

BARS À BIÈRES 맥주바

CONCERTS ET SOIRÉES 콘서트와 이벤트

EXPOS ET GALERIES 전시회와 갤러리

유용한 회화 표현

3-8.mp3

Excusez-moi, s'il vous plaît!	실례합니다!
Je cherche ici.	저는 여기를 찾고 있습니다.
Je suis perdu.	저는 길을 잃었습니다. (남자)
Je suis perdue.	저는 길을 잃었습니다. (여자)
Où est la gare?	역은 어디에 있습니까?
Où est le centre-ville?	시내는 어디에 있습니까?
Où est le marché?	시장은 어디에 있습니까?
Où est un distributeur?	현금인출기는 어디에 있습니까?
Je vais au musée du Louvre.	저는 루브르 박물관에 갑니다.
Pour aller au musée du Louvre?	루브르 박물관에 가려면요?
C'est près d'ici?	여기서 가까운가요?
C'est loin?	먼가요?
On peut y aller à pied?	거기에 걸어서 갈 수 있을까요?
Il faut prendre la voiture?	차를 타고 가야 할까요?
Il faut prendre le bus?	버스를 타야 할까요?

어휘 플러스

걸어서	à pied	아삐에
버스로	en bus	엉뷔쓰
자전거로	en vélo	엉벨로
스쿠터로	en scooter	엉쓰꾸뙈흐
오토바이로	à moto	아모토
지하철로	en métro	엉메트호
출구	la sortie	라쏘흐띠
차로	en voiture	엉부와뛰흐
사거리에서	au carrefour	오꺄흐푸흐
역에서	à la gare	알라갸흐
정류장에서	à l’arrêt de bus	아 라헤 드 뷔쓰
지하철역에서	à la station de métro	알 라쓰따씨옹 드 메트호
기차로	en train	엉트행
고속기차로	en TGV	엉떼제베
인터시티 기차로	en train intercités	엉트행 엥떼흐씨떼
지방급행열차	en TER	엉떼으에흐
비행기로	en avion	언아비옹
배로	en bateau	엉바또
운전면허증	le permis	르뻬흐미
톨게이트	le péage	르뻬아즈
고속도로	l’autoroute	로토후뜨
안전벨트	la ceinture de sécurité	라쎙뛰흐 드 쎄뀌히떼

프랑스가 궁금해

TGV 기차표 예약하는 법

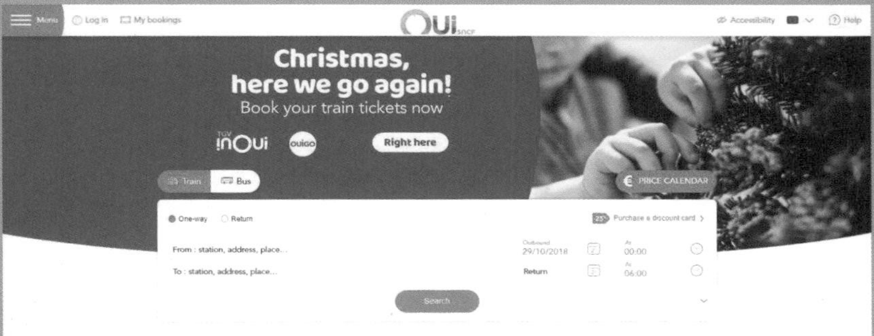

프랑스 철도청 공식 홈페이지에서 예약 oui.sncf 는 프랑스어로 뜬다.
en.oui.sncf 이 사이트로 들어가면 바로 영어로 뜬다.

FROM: 파리 Paris (all stations - FR) 출발지
TO: 니스 Nice (FR) 도착지 이런 식으로 골라서 입력한다.

1. 요일, 시간대별, 좌석등급별, 조기 예약별 금액이 모두 다르다.
2. Select my seat 로 좌석을 지정한다. 사람이 마주 보는 4칸 좌석도 있으니, 창가쪽, 화장실쪽, 캐리어를 올려야 하는지 결정해 우선순위에 따라 정한다.
3. ENTER YOUR SURNAME. FIRST NAME AND E-MAIL ADDRESS 이름, 성 그리고 이메일 주소를 입력한다.
4. 입력한 이메일로 티켓이 온다.
5. 검표시 입력 이메일 티켓을 인쇄해서 제시하면 된다.
6. 분실했거나 미처 인쇄를 못 했을 경우는 어플 oui.sncf 다운로드해서 이메일 주소와 이름을 입력하면 예약내역이 뜬다.
7. discover our great deals를 검색하면 표가 남는 행선지는 저렴하게 구매할 수 있다. 프랑스어 사이트로 바로 들어갔을 경우 "Offre dernière minute" 마지막 순간 오퍼들 이라는 뜻으로 아주 저렴한 비용과 행선지를 예매하거나 구매할 수 있다.

* 1장 가격으로 2장으로 듀오 여행을 하세요! OFFRE DUO TGV

** 해피아우어에는 50퍼센트 할인 가격으로! Happy Hour -50%

마지막 오퍼, Dernière Minute 버스도 생각하세요! Pensez au bus.

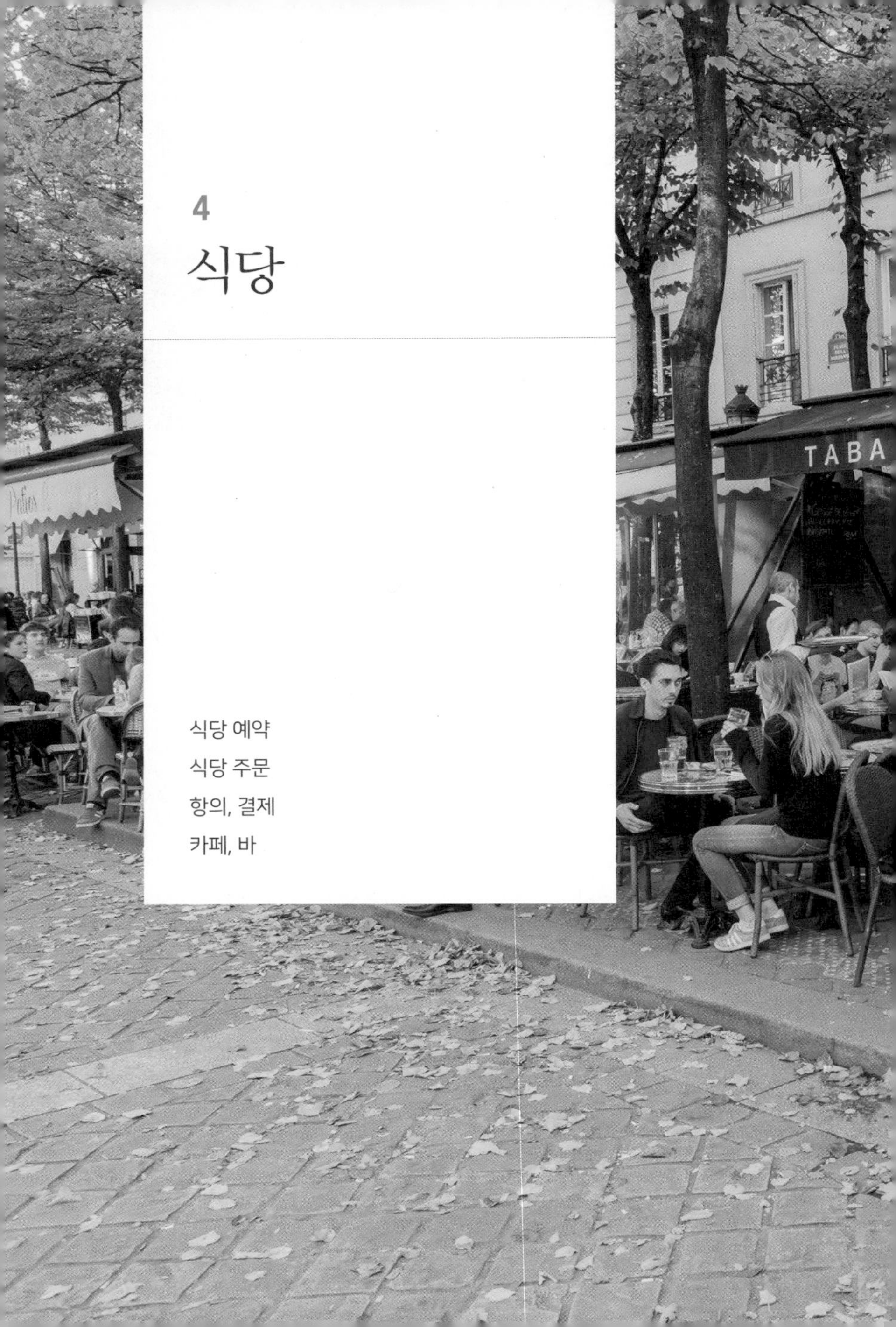

4
식당

식당 예약

식당 주문

항의, 결제

카페, 바

LA SORBONNE
TABAC DE LA
Tabac de la Sorbonne
PLAT DU JOUR
CUISSE DE
POULET AU CURRY,
Riz BASMATI
12,90€
DESSERT DU JOUR
Coca-Cola
HAPPY HOURS
Pinte Stella
Leffe
6€
Bachus Cotes du Rhone (25cl)
Bachus Bdx Sauvignon blanc (25cl)
5€
COCKTAILS 6€ *
50cl SOFT
COCA, PERRIER, DIABOLO, Limonade
Schweppes, Jus d'orange
5

식당 예약

Nuna

안녕하세요! 20시로 테이블을 예약하고 싶습니다.

Bonjour! Je voudrais réserver une table pour vingt heures.

봉주흐 즈부드해 헤제흐베 윈 따블르 뿌흐 뱅때흐

Serveuse

몇분이세요?

Vous êtes combien?

부재뜨 꽁비앙

Nuna

네명이요.

Quatre personnes.

꺄트흐 뻬흐쏜느

Serveuse

어떤 이름으로?

À quel nom?

아 껠 농

Nuna

김으로 해주세요!

Au nom de KIM!

오농드 김

Serveuse

예약되셨습니다!

C'est réservé!

쎄 헤제흐베

Nuna

창가쪽 테이블로 부탁드려요!

Près de la fenêtre, s'il vous plaît!

프헤 드 라 프내트흐 씰 부 쁠래

Serveuse

네, 됐습니다!

Oui, c'est fait!

위, 쎄패

Nuna

감사합니다! 채식주의자들을 위한 요리도 하시죠?

Merci! Vous faites aussi les repas végétariens?

메흐씨 부 패뜨 옷씨 레허빠 베제따히엉

Serveuse

몰론이죠!

Bien sûr!

비앙 쒸흐

---

je voudrais 즈부드헤 저는 ~를 하고 싶어요
réserver 헤제흐배 예약하다
combien 꽁비앙 몇 명이나
quatre 꺄트흐 4
au nom de 오농드 ~의 이름으로
près de 프 헤드 ~ 가까히
la fenêtre 라 프내트흐 창문
fait 패 된
vous faites 부 패뜨 당신은 ~를 합니까?
les repas 레 허빠 식사들

생생 여행 Tip

• À Table! [아따블], 식사합시다

프랑스 전통식사 순서

	식사 종류	발음	식사내용
①	Appéritif	[아페히티프]	한 잔의 술(식전주)
②	Hors d'œuvre	[오흐되브흐]	토마토나 샐러드, 얇게 저민 햄 등
③	Entrée	[엉트헤]	버섯파이, 왕새우, 바닷가재, 굴 등
④	Plat principal	[쁠라 프항씨빨]	본 식사 (백포도주 + 생선요리)
⑤	Plat principal	[쁠라 프항씨빨]	본 식사 (적포도주 + 쇠고기, 돼지고기, 양고기)
⑥	Salade	[쌀라드]	초록 채소를 올리브유에 버무린 것
⑦	Fromage	[프호마주]	치즈, 여러종류 중 골라먹는다
⑧	Dessert	[데쎄흐]	파이, 아이스크림, 케이크
⑨	Champagne	[샹빠니으]	샴페인
⑩	Fruits	[프휘]	과일
⑪	Café	[까페]	커피
⑫	Cognac	[꼬냑]	코냑

유용한 회화 표현

4-2.mp3

Vous avez réservé?	예약을 하셨습니까?
À quel nom?	어떤 이름으로 예약을 하셨어요?
J'ai réservé au nom de 'KIM'.	'김'으로 예약을 했습니다.
Je n'ai pas réservé à sept heures.	저는 7시 예약을 하지 않았습니다.
Nous n'avons pas réservé.	우리는 예약을 하지 않았습니다.
Je voudrais réserver une table pour déjeuner.	점심을 위해 테이블을 예약하려고요.
Je voudrais réserver une table pour dîner.	저녁식사를 위해 예약하려고 합니다.
Vous avez une table un peu plus tôt?	좀 더 이른 시간 테이블이 있나요?
Vous avez une table un peu plus tard?	좀 더 늦은 시간 테이블이 있나요?

On peut s'asseoir ici?	여기 테이블에 앉을 수 있을까요?
On peut s'asseoir dehors?	바깥의 테이블에 앉을 수 있을까요?
Pour quatre personnes, s'il vous plaît!	네 명을 위한 테이블입니다!
J'attends quelqu'un.	저는 누구를 기다리고 있거든요.
Pour deux, s'il vous plaît !	두 사람을 위해서요!
Je voudrais une table dans un endroit pour fumeurs.	흡연석 테이블을 부탁해요.

어휘 플러스

아침식사	le petit déjeuner 르 쁘띠 데죄네
크와쌍	un croissant 엥 크흐와썽
뺑오쇼콜라	un pain au chocolat 엥 뼁오 쇼콜라
바게트	une baguette 윈 바게뜨
커피	un café 엥 꺄페
오렌지주스	un jus d'orange 엥 쥐도헝즈
버터	du beurre 뒤 봬흐
딸기잼	de la confiture de fraise 드 라꽁퓌뛰흐 드 프해즈
요거트	un yaourt 엥 야후뜨
반숙계란	un œuf à la coque 엔 에프 알 라꼬끄
크로크무슈	un croque-monsieur 엥 크호끄 므씨외
점심식사	déjeuner 데죄네
저녁식사	dîner 디네
간식	goûter 구떼
먹다	manger 멍제
마시다	boire 브와흐
취소하다	annuler 아뉠레
대기자 명단	liste d'attente 리스트 다떵뜨
오늘의 요리	le plat du jour 르 쁠라 뒤 주흐
채식주의자	végétarien 베제따히엉
여성 채식주의자	végétarienne 베제따히엔느
알레르기성의	allergique 알레흐지끄
건배	santé 썽떼

프랑스가 궁금해

대충 잘 먹자!
10-15€ 가격대의 레스토랑

1. 학생들이 많은 대학가 근처, 생미셸(Saint-Michel)역 먹자골목
2. 이민자, 학생, 서민층이 많이 사는 18, 19구역
3. 중국, 태국, 베트남국수는 13구역 차이나타운
4. 한식이 먹고 싶을 경우 15구역, 점심메뉴가 따로 있는 곳도 있다.
5. 빨간 등을 밖에 걸어 놓은 일식집은 대부분 중국인 운영식당이다.
6. 팡테옹(Panthéon), 프랑수아 미테랑 도서관(Bibliothèque François-Mitterrand), 바스티유(Bastille), 벨빌(Belleville) 근처에도 무난한 식당들이 있다.

프렌차이즈 레스토랑들도 있다.

www.leon-de-bruxelles.fr

1. 레옹(Léon)

   홍합요리 전문 레스토랑, 감자튀김과 같이 먹고 맥주랑 같이 먹으면 1인당 25€ 정도

2. 쉐끌레망(Chez Clément)

   해산물 요리 전문점 2인기준 80-90€ 선, 파리에 5개의 체인점이 있다.

www.hippopotamus.fr

3. 이포포타뮈(Hippopotamus)

   가장 우리나라의 패밀리 레스토랑 스타일에 가깝다. 스테이크, 햄버거, 립, 튀김류다. 1인당 20-30€ set 메뉴가 있다. 와이파이도 된다고 앞면에 표시되어 있다.

4. 플런치(Flunch)

   서빙이 없고 모든게 다 셀프서비스다. 메인음식은 고기나 생선이 나오는데 10€ 선에서 식사가 가능하다.

5. 피자헛, 맥도널드, KFC 매장도 있다. 맥도널드에 대항하기 위해 프랑스와 벨기에가 합작한 Quick 매장도 인기가 좋다. Quick이 프랑스다운 치즈를 써서 햄버거가 풍미가 있다.

www.quick.fr

Nuna

메뉴판 좀 주세요!

La carte, s'il vous plaît!

라 꺄흐뜨, 씰 부 쁠래

Serveur

고르셨어요?

Vous choisissez?

부스와지쌔

Nuna

전문 요리는 뭐예요?

Quelle est votre spécialité?

껠래 보트흐 쓰뻬씨알리떼

Serveur

부이야베쓰 해물스튜가 우리식당의 전문요리입니다.

La bouillabaisse est notre spécialité!

라부위야배쓰 에 노트흐 쓰뻬씨알리떼

Nuna

마르세이유에 왔으니까, 저 이걸로 할께요.

Comme je suis à Marseille, je prends ça!

꼼 즈쒸이 아마흐세이유 즈프헝 싸

Serveur

전식은 무엇으로 하시겠어요?

Comme entrée?

꼼 엉트헤

Nuna

이것으로 주세요! 어떤 와인을 제게 추천하시겠어요?

Je voudrais ça! Quel vin me conseillez-vous?

즈 부드해 싸 껠 뱅 므 꽁쎄이에부

Serveur

꼬또 엑썽프로벙스 백포도주가 좋습니다!

Un coteaux d'Aix en Provence blanc!

엥 꼬또 덱썽 프호벙쓰 블랑

Nuna

좋아요!

D'accord!

다꼬흐

Serveur

디저트는 어떤 것으로 하시겠어요?

Comme dessert?

꼼 데쎄흐

Nuna

커피요. 레몬파이와 같이 주세요!

Un café avec une tarte au citron, s'il vous plaît!

엥 까페 아베끄 윈 따흐뜨오씨트홍 실 부쁠래

---

la carte 라 꺄흐뜨 메뉴판
choisissez 슈와지쌔 선택하다
quelle 꿸 어떤
spécialité 쓰뻬씨알리떼 전문요리
la bouillabaisse 라 부이야배쓰 대표요리, 해물스튜
entrée 엉트헤 전식
quel 꿸 어떤
vin rouge 뱅후즈 적포도주
vin blanc 뱅블랑 백포도주
dessert 데쎄흐 디저트

생생 여행
Tip

오트 퀴진

누벨 퀴진

• 프랑스 요리 키워드, 오트 퀴진과 누벨 퀴진

오트 퀴진(Haute Cuisine)의 대가, 에스코피에(Escoffier)의 '요리입문서(Le Guide Culinaire, 1902)는 프랑스 요리의 교과서다. 풍요롭고 기름지고 조리시간이 길다.

누벨 퀴진(Nouvelle Cuisine)은 요리사의 창의성을 중시하고, 고기, 생선, 야채 등 조리시간이 짧다. 기름진 소스를 사용하지 않고 제철 식재료를 이용한다.

*** 프랑스 요리를 맛보는 두 가지 식당 가이드**

www.foodandsens.com

1) 기드 미슐랭(André et Edouard Michelin)

별로 점수를 매긴다. 별이 하나 떨어진 셰프 베르나르 루와조(Bernard Loiseau)가 자살을 하기도 했다.

맛있어요. C'est bon! [쎄봉]

말 한마디로 천 냥 빚을 지지 말자.

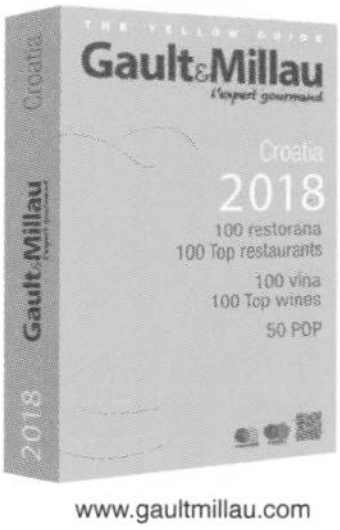

www.gaultmillau.com

2) 고 에 미요(Gault & millau)

레스토랑 평론가인 앙리 고(Henri Gault)와 크리스찬 미요(Christian Millau)에 의해 시작되었다. 20점 만점 점수제로 운영된다.

유용한 회화 표현

4-4.mp3

La carte des vins, s'il vous plaît!	와인 메뉴를 보여 주세요!
Vous avez un menu du jour?	오늘의 메뉴가 있습니까?
Vous avez un menu pour enfants?	어린이를 위한 메뉴가 있나요?
Il y a des plats du jour?	오늘의 주요리가 있습니까?
Vous avez des plats végétariens?	채식주의자를 위한 요리가 있나요?
Qu'est-ce que vous recommandez?	추천할 메뉴는 무엇입니까?
Qu'est-ce que c'est?	이것은 무엇입니까?
Je voudrais ceci.	저는 그걸로 하겠습니다.
Je prends la même chose.	같은 걸로 하지요.
En entrée, je vais prendre ça.	전식은 저는 이것을 먹을게요.
Non, ça ira!	아니요, 이제 충분해요!
Je suis allergique aux produits laitiers.	저는 유제품에 알레르기가 있습니다.
On peut avoir de l'eau?	물 좀 주시겠어요?
On peut avoir du pain?	빵 좀 주시겠어요?
On peut avoir la carte des desserts?	디저트 메뉴를 보여 주시겠습니까?

어휘 플러스

가정식 레스토랑	un bistro 엥 비쓰트호
찻집	un salon de thé 엥쌀롱드떼
크레프 전문 식당	une crêperie 윈 크헤쁘히
맥주홀	une brasserie 윈 브하쓰히
식전주	un apéritif 엔 나뻬히띠프
전식	une entrée 윈 엉트헤
에피타이저	un hors-d'œuvre 엔 오흐되브흐
요리	un plat 엥 쁠라
고기	de la viande 드 라 비앙드
생선	du poisson 뒤 뿌와쏭
치즈	du fromage 뒤 프호마즈
디저트	un dessert 엥 데쎄흐
커피	un café 엥 꺄페
디카페인 커피	un déca 엥 데꺄
병	une bouteille 윈 부떼이으
작은 병	une demi-bouteille 윈 드미-부떼이으
백포도주	du vin blanc 뒤 벵블랑
적포도주	du vin rouge 뒤 벵후즈
로제 와인	du vin rosé 뒤 벵호제
샴페인	du champagne 뒤 샹빠니으
코냑	du cognac 뒤 꼬냑
하우스 와인	le vin de maison 르 벵 드 매종

프랑스가 궁금해

TGV 기차역

프랑스 철도공사 SNCF (Société Nationale des Chemins de Fer)

BILLET à composter avant l'accès au train 기차타기전 개찰해야 하는 티켓
(기차표는 타기전에 반드시 개찰기에 넣어 개찰을 해야한다.)

Train au départ 출발기차
Train à l'arrivée 도착 기차
Particularités 기차종류
Contrôleur(se) 검표원
Correspondance 환승(지)
Quai 플랫폼
Composteur 개찰기
Classe 2 이등석
Prix 가격
Heure 시각
Circulation 순환
Voie 플랫폼 넘버
à destination de (Strasbourg) (스트라스부르그) 도착행
en provenance de (Paris) (파리)에서 출발한

* 프랑스 기차 할인카드 종류 www.sncf.com (앱: oui.sncf)

- Carte Jeune 12/27 (청소년, 청년 카드, 1년간 유효)
  12-27세까지 해당.
- Carte Senior+ (시니어 카드)
- Carte week-end (주말 카드)

www.oui.sncf

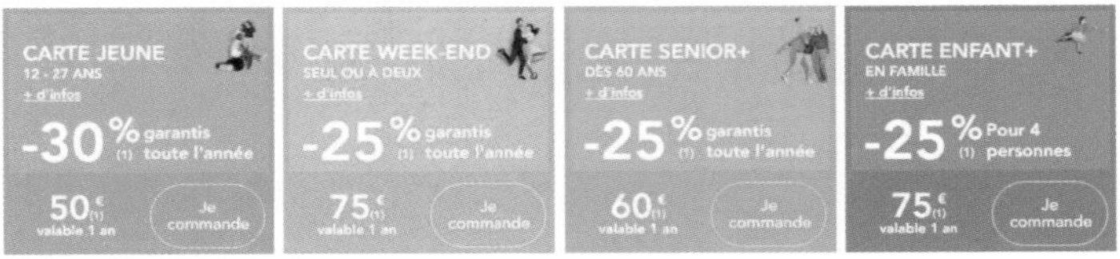

Nuna

이것은 뭐죠?

Monsieur, qu'est-ce que c'est?

므씨외 께 쓰 끄쎄

Serveur

꼬꼬뱅 요리입니다.

C'est un coq-au-vin!

쎄 떵 꼬꼬뱅

Nuna

저는 이것을 주문하지 않았는데요.

Je n'ai pas commandé ça!

즈 내 빠 꼬멍데 싸

Serveur

죄송합니다. 확인해 볼께요!

Excusez-moi! Je vais vérifier!

엑쓰뀌재-무와 즈배 베히피에

Nuna

오래 기다려야만 하나요?

Je dois attendre longtemps?

즈 두와 아떵드흐 롱떵

Serveur

아닙니다! 됐습니다! 여기 있어요!

Non! Ça y est! Voilà!

농 싸이애 부왈라

Nuna

계산서 부탁해요!

L'addition, s'il vous plaît!

라디씨옹 씰 부 쁠래

Serveur 맛있으셨어요?

C'était bon?

쎄때 봉

Nuna 네 아주 맛있었어요.

Oui, c'était très bon!

위 쎄때 트헤봉

Serveur 어떻게 결제를 하시겠어요?

Vous voulez payer comment?

부불래 빼이에 꼬멍

Nuna 카드로 결제 하겠습니다!

Par carte, s'il vous plaît!

빠흐 꺄흐뜨 씰 부 쁠래

---

qu'est-ce que 께쓰끄 무엇을

le coq-au-vin 르꼬꼬뱅 꼬꼬뱅, 프랑스식 닭도리탕

excusez-moi 엑쓰뀌재-무와 죄송합니다

je vais + verbe 즈배 나는 간다+동사 = ~할 것이다 (근접미래)

vérifier 베히피에 확인하다

je dois 즈두와 나는 ~를 해야만 해(요)

attendre 아떵드흐 기다리다

ça y est 싸이에 됐어(요)

l'addition 라디씨옹 계산서

c'était 쎄떼 ~였어(요)

생생 여행 *Tip*

• 디저트, 예술작품이라고 해. 서명을 남기다

마카롱(Macaron)은 디저트계의 전설이다. 낭시(Nancy)의 수도원에서 수녀들이 만들어 즐겼던 과자다. 표면을 봉긋하게, 내면은 쫀득쫀득 하게! 프랑스 제과점의 기본을 보려면 그 제과점의 마카롱을 맛보아야 한다.

밀푀유(Mille feuille)는 디저트의 예술이다. 밀푀유는 '1,000장의 잎사귀'란 뜻, 프랑스어로 푀이타주(feuilletage)라고 하는 파이지 사이 사이에서 크림맛을 느낀다. 극한 수작업, 수공예작품이다.

오페라(Opéra)는 프랑스 디저트의 클래식 격이다. 커피와 초콜렛 향이 좋으며, 이탈리아의 티라미수처럼 사각의 모습에서 건축학적으로 변형, 위에 반드시 파리 오페라 극장의 금색 돔처럼 금박장식이 올라간다. 작품이라 서명도 남겼다.

유용한 회화 표현

4-6.mp3

Je n'ai pas commandé ça!	저는 이것을 주문하지 않았어요.
Vous avez oublié mon dessert.	제 디저트를 잊어버리셨네요.
Je ne peux plus attendre.	더 이상 기다릴 수 없어요.
Nous n'acceptons pas les cartes de crédit.	우리는 신용카드를 받지 않습니다.
Tapez votre code secret.	비밀번호를 입력해주세요.
C'était délicieux.	맛있었어요.
Je peux avoir un reçu?	영수증을 주시겠어요?
Je peux avoir les détails de l'addition?	계산서 세부내역을 받을 수 있을까요?
Il y a une erreur ici.	여기에 오류가 있습니다.
Un verre, s'il vous plaît !	잔 하나만요!
Une petite assiette, s'il vous plaît !	작은 접시요!
Passez-moi du sel, s'il vous plaît !	소금 좀 건네주세요!
Passez-moi du poivre, s'il vous plaît !	후추 좀 건네주세요!
Passez-moi du beurre, s'il vous plaît !	버터 좀 건네주세요!
Du sucre, s'il vous plaît !	설탕 주세요!

어휘
플러스

나이프	un couteau 엥 꾸또
포크	une fourchette 윈 푸흐쉐뜨
커피 스푼	une cuiller à café 윈 뀌이에아까페
디저트 스푼	une cuiller à dessert 윈 뀌이에아데쎄흐
찻잔	une tasse de thé 윈 따쓰드떼
냅킨	une serviette 윈 세흐비에뜨
해산물	des fruits de mer 데 프흐휘 드매흐
가금류	de la volaille 드 라 보라이으
소고기	le bœuf 르 뵈프
스테이크	le steak 르 쓰떽크
돼지고기	le porc 르 뽀흐
닭고기	le poulet 르 뿔레
오리고기	le canard 르 꺄나흐
연어	le saumon 르 쏘몽
훈제 연어	du saumon fumé 뒤 쏘몽 퓌메
구운 새우	des crevettes grillées 데 크흐베뜨 그히에
양고기	l'agneau 라뇨
쌀	du riz 뒤히
파스타	des pâtes 데 빠뜨
감자튀김	des frites 데 프히뜨
그린샐러드	une salade verte 윈 살라드 베흐뜨

프랑스가 궁금해

프랑스 사용전압과 가전제품 구매

프랑스 전압은 한국처럼 220V라서 한국 전자제품 사용이 가능하다. 플러그의 모양이 약간 다르다. 동그란 모양에 돌출부위가 있어서 납작한 형태 C 타입의 플러그이거나 일치하는 부위의 돌출부위가 뚫려진 형태의 플러그 제품을 사용해야 한다.

전기방석이 여행 중 도움이 될 수 있다. 시설이 좋은 호텔이라 해도 춥고, 온돌이 아니라 온 몸이 쑤실 수 있다. 네모난 형태의 간단하고 작은 품질 좋은 전기방석은 여행 중 어깨나 다리쑤심을 풀어주는 역할을 할 수 있다. 과도하게 전기를 쓰는 것 자제.

급하게 노트북, 스마트폰이 고장났을 경우 수리비용, 시간이 만만치 않다. 싼거 사는게 나을 수 있다. FNAC 매장은 한국의 교보문고와 하이마트를 결합시킨 분위기다. www.fnac.com에서 모델 검색이 가능하다. 카메라, 스마트폰, 노트북, 모든 가전제품을 볼 수 있다. 문구류는 한국제품이 훨씬 예쁘고 싸다.

대형 프랑스 전자제품 매장은 Darty(www.darty.com) 프랑스 전역에 200개가 넘는 매장이 있고 샤틀레 레알지역에도 매장이 있다. 삼성, LG 제품도 있다. 액션캠 고프로도 200-500€대 제품 종류가 다양하다.

Nuna

마드무와젤, 여기요!

Mademoiselle, s'il vous plaît!

마드무와젤 씰 부 쁠래

Serveuse

안녕하세요. 마드무와젤 무엇으로 드릴까요?

Bonsoir, Mademoiselle. Qu'est-ce que vous prenez?

봉수와 마드무아젤 께쓰끄 부 프허내

Nuna

까페올레 한잔이요. 당신은?

Je voudrais un café au lait, s'il vous plaît. Et vous?

즈 부드해 엥 까페올래 씰 부쁠래 에 부

Jean

저는 맥주로 주세요!

Moi, je voudrais une bière!

무와 즈 부드해 윈 비해흐

Serveuse

독일 맥주로요?

Une bière allemande?

윈 비해흐 알멍드

Jean

아닙니다! 프랑스 맥주로 주세요!

Non! Une bière française, s'il vous plaît!

농 윈비에흐 프헝쌔즈 씰부쁠래

Serveuse

잘 알겠어요.

Très bien!

트해 비앙

Jean

계산서 좀 주세요!

L'addition, s'il vous plaît!

라디씨옹 씰부쁠래

Serveuse

네, 마드무와젤. 카페올레 2.20€ 그리고 맥주 3.50€
합쳐서 5.70€입니다.

Oui, mademoiselle. Vous avez un café au lait : 2,20euros

et une bière : 3,50euros, ça fait 5,70 euros!

위 마드무와젤 부자배 엥 꺄페 올 래: 되좨호 뱅
에 윈비헤호: 트호화좨호 쌩껑뜨. 싸패 쌩꽤호 수와썽뜨디쓰

---

s'il vous plaît 씰 부쁠래 부탁합니다
vous 부 당신은
prenez 프허내 먹다
un café au lait 엥 꺄페 올래 까페올레
très 트해 매우
bien 비앙 잘
une bière 윈 비애호 맥주
vous 부 당신은
avez 아배 가지다
ça fait 싸패 ~입니다
deux euros vingt 되 좨호 뱅 2유로20
trois euros cinquante 투호화 좨호 쌩껑뜨 3유로50
cinq euros soixante-dix 쌩꽤호 수와썽뜨-디쓰 5유로70

생생 여행

Tip

• 예의바른 카페, 종업원에게 반말하면 4배나 비싸요!

프랑스의 카페에는 한국의 아메리카노가 없다. 비슷한 커피는 Un café allongé, s'il vous plaît! [엥카페 알롱제, 씰부쁠래!]라고 주문하자. 아차! Bonjour[봉주르] 인사를 빼놓았다. Bonjour, un café allongé, s'il vous plaît! [봉주흐, 엥카페 알롱제, 씰부쁠래!] 니스의 카페 주인이 종업원에게 인사를 하지 않고 무례한 손님들을, '돈으로 설득하는 법'을 생각해냈다. 영어의 Please가 S'il vous plaît [씰부쁠래]다!

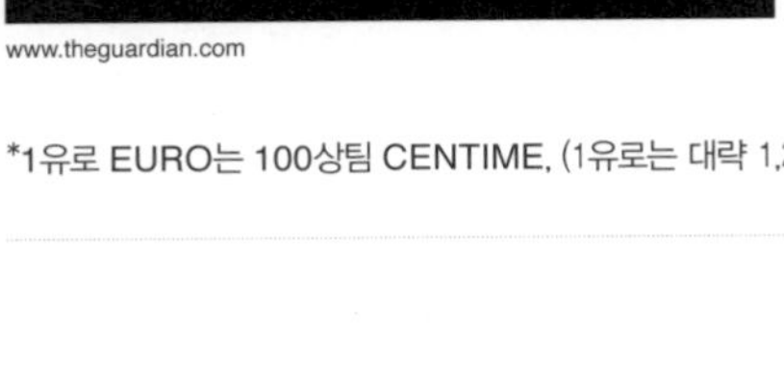

www.theguardian.com

테라스 커피 가격표

커피 한잔! 7유로 (8,962원)

커피 주세요! 4유로25상팀 (5,441원)

안녕하세요! 커피 한잔 주세요! 1유로40상팀 (1,792원)

*1유로 EURO는 100상팀 CENTIME. (1유로는 대략 1,281원 2019. 1월 기준)

유용한 회화 표현

4-8.mp3

Vous désirez?	뭐 드릴까요?
Quels jus de fruits avez-vous?	어떤 주스들이 있어요?
Je vais prendre un café.	커피 한 잔 주세요.
Je vais prendre un café au lait.	카페올레 한 잔 주세요.
Je voudrais un expresso.	엑스프레소 한 잔이요.
Je voudrais un cappuccino.	카푸치노 한 잔이요.
Autre chose?	다른 것 필요하신 건요?
Ça sera tout ?	이게 주문 전부죠?
Une autre bière, s'il vous plaît !	맥주 한 잔 더 주세요!
La même chose, s'il vous plaît !	같은 걸로요!
Avec des glaçons!	얼음이랑 같이요!
Un demi?	반 병이요!
En bouteille?	병으로 주세요!
Plate ou pétillante?	미네랄워터요? 아니면 탄산수요?
Sur place, s'il vous plaît!	여기서 먹을겁니다!
À emporter, s'il vous plaît!	포장이요, 가져갑니다!

어휘 플러스

민트티	un thé à la menthe 엥 떼알라멍뜨
녹차	un thé vert 엥 떼배흐
캐모마일	une camomille 윈 꺄모마일
핫쵸코	un chocolat chaud 엥 쇼꼴라쇼
물 한잔	un verre de l'eau 엥 베흐드로
사과주스	un jus de pomme 엥 쥐드뽐므
파인애플주스	un jus d'ananas 엥 쥐다나나
오렌지주스	un jus d'orange 엥 쥐도헝즈
콜라	un coca 엥 꼬꺄
사과주	un cidre 엥 시드흐
샌드위치	un sandwich 엥 썽드위치
햄버거	un hamburger 엔 엉붜흐게흐
치킨버거	un hamburger au poulet 엔 엉붜흐게흐 오뿔레
피자	une pizza 윈 삣쟈
고기파이	une quiche 윈 뀌슈
아이스크림	une glace 윈 글라스
레몬파이	une tarte au citron 윈 따흐뜨 오씨트홍
사과파이	une tarte aux pommes 윈 따흐뜨 오뽐므
초콜릿케이크	un gâteau au chocolat 엥 갸또 오 쇼꼴라
초콜렛무스	une mousse au chocolat 윈무쓰 오 쇼꼴라
미네랄워터	une bouteille de l'eau minérale 윈 부떼이으 드로 미네할
탄산수	une bouteille de l'eau pétillante 윈부떼이으 드로 뻬띠엉뜨

프랑스가 궁금해

여행시 하지 않으면 좋은 것들

1. 유명 식당, 카페, 패스트푸드의 체인점에서 먹는 것
2. 관광명소와 큰 미술관, 박물관만 가는 것
3. 버스, 지하철 타는 것을 귀찮아하는 것
4. 지도를 끊임없이 보면서 여행자 티 내는 것
5. 수도, 도시 시내에만 있는 것
6. 밥을 먹어야 한다고 한식만 먹는 것
7. 줄 많이 서는데 묻지 않고 따라 서는 것
8. 파리는 미식의 도시 ! 외국음식을 두려워하는 것
9. 택시만 타려고 하는 것
10. 벨리브[Vélib'] 공공 자전거를 안 타려고 하는 것
11. 관광객만 있는 곳에서 식사하는 것
12. 관광객을 멀리하고 외국인을 두려워 하는 것
13. 투어 프로그램을 싫어하는 것
14. 느낌 가는데로만 여행하려는 것
15. 화장을 아무데서나 고치는 것
16. 무슨 일이 있는데 사람들이 앉아있다고 같이 앉아있는 것
17. 여성에게 나이를 묻는 것
18. 외국 음식에 무조건 고추장이나 케첩을 뿌리는 것
19. 아이나 어린이가 귀엽다고 보호자 허락 없이 쓰다듬는 것
20. 외국어 못한다고 스마트폰으로만 검색하는 것
21. 거스름돈 등이 이상할 때 따지지 못하는 것
22. 먼저 인사를 못하고 미소 짓지 못하는 것
23. 말을 할 때 외국인 눈을 못 쳐다보는 것
24. 외국여성이 담배를 필 때 찡그리며 쳐다보는 것
25. 외국인 친구집 초대시 아침에 풀 메이크업으로 나타나는 것
26. 호텔에서 슬리퍼나 잠옷차림으로 복도로 나오는 것
27. 에어비앤비에서 새벽에 샤워나 목욕하는 것
28. 별 3개 이상 호텔에서 1 또는 2€ 팁을 주지 않는 것
29. 와이파이, 인터넷속도가 느리다고 짜증내는 것
30. 외국인의 불친절을 자신에 대한 무시로 생각하는 것

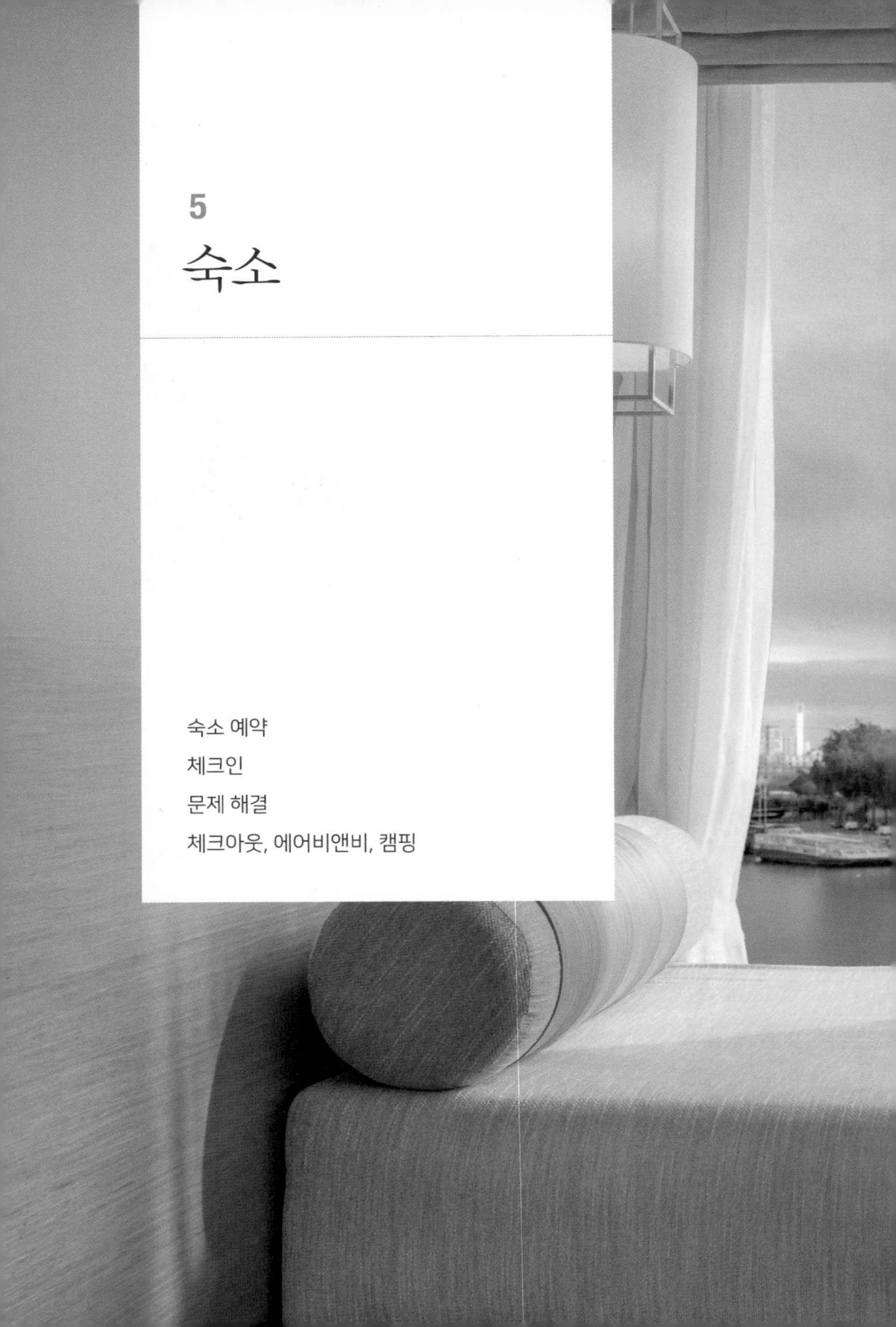

5

숙소

숙소 예약

체크인

문제 해결

체크아웃, 에어비앤비, 캠핑

숙소 예약

Employé

안녕하세요. 까브루 호텔입니다.

Le Grand Hôtel Cabourg, bonjour.

르 그렁 또뗄 까부흐 봉주흐

Nuna

안녕하세요. 저는 이틀밤 묵을 방을 예약하고 싶어요.

Bonjour, je voudrais une chambre pour deux nuits,

봉주흐 즈 부드헤 윈샹브흐 뿌흐 되뉴위

2월14일밤 15일밤, 16일 체크아웃이요.

du samedi 14 au lundi 16, en février.

뒤 쌈디 꺄또흐즈 오랭디 세즈, 엉페브히에

가능한가요?

C'est possible?

쎄뽀씨블?

Employé

네, 욕조가 있는 방이요. 샤워가 있는 방이요?

Oui, avec baignoire ou douche?

위, 아베끄 배누와흐 우 두슈

Nuna

욕조가 있는 방으로 부탁합니다. 가격은 얼마죠?

Avec baignoire, s'il vous plaît. C'est à quel prix?

아베끄 배누와흐 씰부쁠래 쎄따 껠프히

Employé

280유로입니다. 마담 어떤 이름으로 예약해드릴까요?

280 euros, madame. C'est à quel nom?

되썽 꺄트흐뱅퇴호 마담. 쎄따껠농

Nuna

김으로 해주세요. 아 죄송한데요!

Au nom de KIM. Ah pardon!

오농드킴. 아빠흐동

저는 프루스트의 방으로 예약을 하고 싶습니다.

Je voudrais réserver la chambre de Proust.

즈부드해 헤제흐베 라 샹브흐 드 푸흐스트

Employé

알겠습니다. 이 방을 당신께 예약해 드리겠습니다.

D'accord, je réserve cette chambre pour vous.

다꼬흐 즈 헤제흐브 쎄뜨 샹브흐 뿌흐 부

---

une chambre 윈 샹브흐 방
une nuit 윈 뉴위 1박
deux nuits 되 뉴위 2박
avec 아베끄 ~와 함께, ~와 같이
baignoire 배누와흐 욕조
douche 두슈 샤워
quel 껠 어떤
prix 프히 가격
cette 쎄뜨 이 (여성명사를 지칭)
pour 뿌흐 ~를 위해
quatorze 꺄또흐즈 14
quinze 깽즈 15
seize 쎄즈 16
deux cent quatre-vingts 되 썽 꺄트흐-뱅 280

생생 여행
Tip

• 숙소, 누구든 이 한몸 누울자리는 있어요!

파리 우편번호는 75로 시작하고 한국인이 많이 사는 15구역은 75015 이런 식으로 표시한다. 우편번호로 숙소위치를 파악하고, 1–9구가 파리중심이다.

1. 호텔 공식페이지는 비싸다는 선입견
   그러나 특가 프로모션이나 와인제공 등 혜택
   Hyatt, Hilton, Accor 등
2. 온라인 예약: Agoda, Expedia, Booking.com, Hotels.com (국내는 하나투어, 인터파크 투어 등)
3. 에어비앤비: 현지인처럼 살아보기
   www.airbnb.co.kr

4. 유스호스텔 or 호스텔: youthhostel.or.kr/reservation, korean.hostelworld.com
5. 프랑스존 재불한인포털 www.francezone.com
   한인 민박
6. 프로모션 정보: 블로거 한클랑, 네이버카페 어바웃 트립

7. 네이버 검색창에 아고다 4월 할인코드, 이런식으로 검색해 할인쿠폰& 할인코드를 찾는다.
8. 잠자는 숲속의 한국인! 고성에서 잔다.
   www.bienvenueauchateau.com

유용한 회화 표현

5-2.mp3

Je voudrais une chambre à lits jumeaux.	트윈 룸 방 하나를 원합니다.
Je voudrais une chambre à un lit.	싱글룸 방 하나를 원합니다.
Je voudrais réserver une chambre familiale.	가족용 방 하나를 원합니다.
Je voudrais une chambre avec baignoire.	욕조가 있는 방을 원합니다.
Je voudrais une chambre avec douche.	샤워가 있는 방을 원합니다.
Je voudrais une chambre avec vue sur la mer.	바다가 보이는 방을 원합니다.
Je voudrais une chambre adaptée pour les handicapés.	장애인이 적합한 방을 원합니다.
Une chambre pour une semaine, s'il vous plaît!	일주일 머무를 방을 원합니다.
Il y a la télévision dans la chambre?	방안에 텔레비전이 있나요?
Je peux voir la chambre?	방을 볼 수 있을까요?
Il n'y a pas de bruit?	소음은 없지요?
Je peux bénéficier d'une réduction?	할인혜택을 받을 수 있을까요?
C'est bien, je la prends.	좋아요, 이 방으로 하겠습니다.
Une chambre pour deux nuits, s'il vous plaît!	2박을 할 방을 원합니다.
Quel est le prix par nuit?	1박당 가격은?

어휘 플러스

와이파이 비밀번호	**le mot de passe Wifi** 르 모드 빠쓰 위피
덜 비싼	**moins chère** 무앵 쇄흐
시끄러운	**bruyant** 브휘이엉
욕조	**la baignoire** 라 배누와흐
샤워	**la douche** 라 두슈
열쇠	**la clé** 라 끌레
카드키	**la carte-clé** 라 꺄흐뜨-끌레
팁	**un pourboire** 엥 뿌흐부와흐
귀중품	**des objets de valeur** 데 조브제 드 발래흐
뜨거운 물	**l'eau chaude** 로 쇼드
차가운 물	**l'eau froide** 로 푸와드
수도꼭지	**le robinet** 르호비내
헤어 드라이어	**un sèche-cheveux** 엥 쎄슈-슈뵈
시트	**des draps** 데 드하
이불	**une couette** 윈 꾸에뜨
담요	**une couverture** 윈 꾸베흐뛰흐
베개	**un oreiller** 엔 오레이에
조명	**la lumière** 라 뤼미애흐
비누	**du savon** 뒤 싸봉
면도기	**un rasoir** 엥 하주와흐
칫솔	**une brosse à dents** 윈 브호쓰 아 덩
휴지	**le papier toilette** 르 빠삐에 뚜와레뜨

프랑스가 궁금해 파리의 가장 아름다운 호텔 객실 10선

Une chambre, s'il vous plaît! 윈샹브르, 실부쁠레! 방 하나 주시겠어요!

1. 가장 럭셔리한 방 ritzparis.com
   주소: Le Ritz Paris, 15 place Vendôme, 75001 Paris
2. 가장 안락한 방 hotel-particulier-montmartre.com
   주소: 112 rue du Faubourg Saint-Honoré, 75008 Pari
3. 가장 사랑스런 분위기의 방 hotelamourparis.fr
   주소: Le grand Amour Hôtel, 18 rue de la fidélité, 75010 Paris
4. 가장 절도있는 분위기의 방 hotelemile.com
   주소: L'Hôtel Emile Paris, 2 rue Mahler, 75004 Paris
5. 가장 프랑스적인 생활방식의 방 dorchestercollection.com
   주소: Le Meurice, 228 rue de rivoli, 75001 Paris
6. 가장 편안한 방 coq-hotel-paris.com
   주소: C.O.Q Hotel Paris, 15 rue Édouard Manet, 75013 Paris
7. 가장 황홀한 방 maisonsouquet.com
   주소: L'Hôtel Maison Souquet, 10 rue de bruxelles, 75009 Paris
8. 가장 쉬크한 방 paris.peninsula.com
   주소: Le Peninsula Paris, 19 Avenue Kléber, 75116 Paris
9. 가장 스타일리쉬한 방 Mamashelter.com
   주소: Le Mama Shelter, 109 rue de Bagnolet, 75020 Paris
10. 가장 장엄한 방 leroyalmonceau.com
    주소: Le Royal Monceau, 37 avenue Hoche, 75008 Paris

www.ritzparis.com

www.hotelamourparis.fr

www.maisonsouquet.com

www.ritzparis.com

체크인

Réceptionniste

안녕하세요 마담, 예약을 하셨습니까?

Bonjour Madame, vous avez réservé?

봉주호 마담 부 자배 헤제흐배

Nuna

네, 이름을 김으로 예약을 했습니다.

Oui, j'ai réservé au nom de KIM.

위 재 헤제흐베 오 농 드 킴

Réceptionniste

아, 네! 프루스트의 방이네요!

Ah, oui! c'est la chambre de Proust!

아위 쎄라샹브흐 드 푸후스트

Nuna

지금 제 방 체크인 할 수 있을까요?

Je peux prendre ma chambre maintenant?

즈뿨 프헝드흐 마샹브흐 맹뜨넝

Réceptionniste

네, 숙박카드 좀 채워주시겠어요!

Oui! Remplissez la fiche d'hôtel, s'il vous plaît!

위 헝쁠리쎄 라피슈도뗄 씰부쁠래

Nuna

자 여기 있어요!

Voilà!

부왈라

Réceptionniste

자 여기 방 열쇠가 있구요.

Voici la clé de la chambre.

브와씨 라끌레드라샹브흐

Nuna

와이파이 비밀번호는 무엇인가요?

Quel est le mot de passe Wifi?

껠래 르모드빠쓰 위피

Réceptionniste

여기 씌여있습니다.

C'est écrit ici.

쎄떼크히 잇씨

Nuna

완벽하네요!

Parfait!

빠흐패

---

peux 뾔 할수있다
prendre 프헝드흐 가지다, 사다, 마시다
ma 마 나의
maintenant 맹뜨넝 지금
remplissez 헝쁠리쎄 기재하세요
la fiche d'hôtel 라피슈도뗄 호텔 숙박계
la clé 라끌레 열쇠
le mot de passe 르모드빠쓰 비밀번호
écrit 에크히 쓰여 있는
parfait 빠흐페 완벽한

생생 여행
Tip

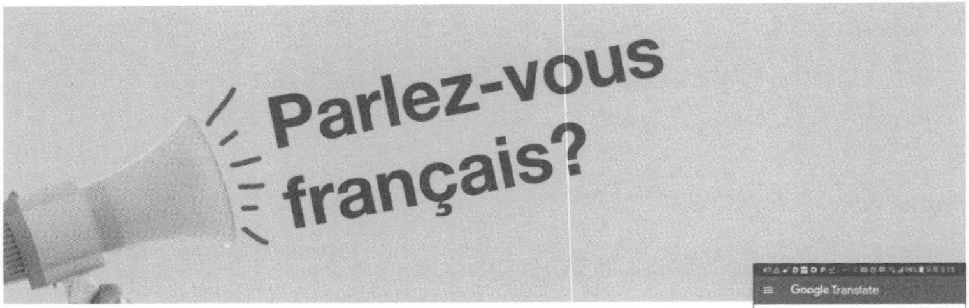

• 프랑스어 울렁증 불치병 아니에요!

1. 구글 번역 Google translate

국가를 '프랑스'를 선택하면 칸이 위, 아래로 분리되어 나타나고 쌍방 마이크 아이콘을 선택하면, 질문이 즉시 통역되어 한국어로 뜬다. 한국어로 대답하면 프랑스어로 통역되어 스마트폰 스피커로 나온다.

2. 네이버 파파고 번역 Naver papago translate

초기 화면에서 한국어, 프랑스어로 선택하면 문장이 실시간 뜬다. 스피커를 켜면 발음도 들을 수 있다.(번역이 100% 정확하지 않지만, 저는 서울에서 왔습니다. 저는 배가 고파요. 이런 서바이벌 여행 프랑스어는 정확도가 높다.)

유용한 회화 표현

5-4.mp3

J'ai réservé au nom de 'KIM'.	이름을 '김'으로 예약했습니다.
Votre chambre est le numéro 14.	14번 방입니다.
Voici votre clé.	열쇠입니다.
Vous avez le mini bar?	미니바가 있나요?
Vous avez le service en chambre?	룸 서비스가 있나요?
Vous avez les ascenseurs?	엘리베이터가 있나요?
Vous acceptez les animaux?	반려동물 동반이 가능한가요?
Vous pouvez m'appeler un taxi?	택시를 불러 주시겠어요?
Il y a la climatisation dans la chambre?	방안에 에어컨이 있습니까?
Vous avez un ventilateur?	선풍기가 있나요?
Je voudrais être réveillé à 6 heures.	오전 6시에 모닝 콜 해주세요.
Je voudrais les clés de la chambre.	방 열쇠들을 주세요.
À quelle heure est le petit déjeuner?	아침식사는 몇 시인가요?
Quand le petit déjeuner est-il servi?	언제 아침식사 서빙하나요?
Où le petit déjeuner est-il servi?	어디서 아침식사 서빙하나요?

어휘 플러스

숙박계	La fiche d'hôtel 라 피쉬도뗄
리셉션	La réception 라 헤쎕씨옹
리셉션이스트	Le réceptionniste 라 헤셉씨오니스뜨
다른 방	Une autre chambre 윈 오트흐 샹브흐
다른 호텔	Un autre hôtel 엔 노트흐 오뗄
저렴한 호텔	Un hôtel bon marché 엔 오뗄 봉 마흐쉐
럭셔리 호텔	Un hôtel de luxe 엔 오뗄 드 뤽쓰
숙박 가능한 방	Une chambre libre 윈 샹브흐 리브흐
비상출구	La sortie de secours 라 쏘흐띠 드 쓰쿠흐
가격	Le prix 르 프히
요금	Le tarif 르 따히프
주중	La semaine 라 스멘느
주말	Le week-end 르 위껜
수영장	La piscine 라 삐씬느
발코니	Un balcon 엥 발꽁
하룻밤	Une nuit 윈 뉴위
한 주	Une semaine 윈 스멘느
별, 등급	L'étoile 레뚜왈
바캉스클럽	Le club de vacances 르 끌럽드바깡쓰
온천 리조트	La station thermale 라 쓰따씨옹떼흐말
해수욕 리조트	La station balnéaire 라 쓰따씨옹발네애흐
겨울스포츠 리조트	La station des sports d'hiver 라 쓰따씨옹데스뽀흐디베흐

프랑스가 궁금해

숙소예약

파리에서는 교통과 관광 편리, 지하철비용 절약을 위해 1존 안의 호텔을 예약하는 것이 좋다. 별 4개 호텔 정도만 전기포트가 있으니 물 끓이는 도구가 있으면 유용하다. 한국여행 관련 사이트도 잘 구하면 아주 싸다.

Logis de France: www.logishotels.com
서비스와 건축양식에 따라 구분
자연 고요한 숙박지 Logis Nature-Silence
가족 숙박지 Logis Famille-Enfants
로지 자전거 Logis Vélo
로지 하이킹 Logis Randonnée Pédestre

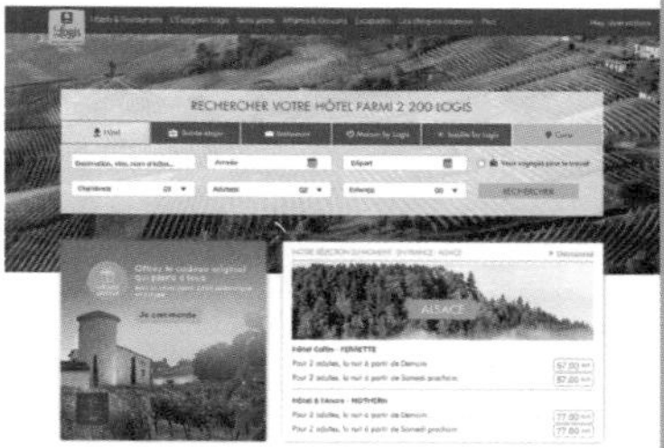

프랑스의 고성과 호텔 예약사이트: www.chateauxhotels.com
프랑스 농가숙사와 민박: www.gites-de-france.com
민박 chambres d'hôtes가 프랑스 스타일의 비앤비

프랑스에서 가장 아름다운 마을 숙소 예약:
m.les-plus-beaux-villages-de-france.org

문제 해결

Nuna

제가 방 열쇠를 분실했습니다.

Monsieur, j'ai perdu la clé de la chambre.

므씨외 재 페흐뒤 라 끌레 드 라 샹브흐

Réceptionniste

제가 해결해 드리겠습니다.

Je m'en occupe!

즈 먼 오뀌쁘

Nuna

그리고 방을 바꾸고 싶습니다.

Et je voudrais changer de chambre, s'il vous plaît!

에 즈 부드해 샹제 드 샹브흐 씰 부 쁠래

Réceptionniste

마담, 문제가 있으십니까?

Madame, il y a un problème?

마담 일리아 엥프흐블램

Nuna

너무 시끄러워서요.

C'est trop bruyant.

쎄 트호 브휘이엉

Réceptionniste

알겠습니다. 죄송합니다.

D'accord. Je suis désolé.

다꼬흐 즈 쒸이 데졸레

Nuna

감사합니다! 그리고 룸서비스를 부탁합니다.

Merci! Et je voudrais un service en chambre.

메흐씨 에 즈 부드해 엥 쎄흐비쓰 엉 샹브흐

Réceptionniste

네!

Oui!

위

Nuna

그리고 수건도 좀 더 주세요.

Je voudrais aussi plus de serviettes.

즈 부드해 옷씨 쁠뤼 드 세흐비에뜨

Réceptionniste

바로 갖다 드리겠습니다, 마담!

Tout de suite, Madame!

뚜 드 쑤위뜨 마담

---

j'ai 재 나는 가지고 있다+과거분사 = ~를 했다
perdu 뻬흐뒤 잃어버리다 perdre의 과거분사
laissé 래쎄 내버려두다 laisser의 과거분사
la clé 라끌레 열쇠
changer 샹제 바꾸다

désolé 데졸레 미안한
plus de 쁠뤼드 더 많은
une serviette 윈쎄흐비에뜨 수건
tout de suite 뚜드쑤위트 당장
à tout de suite 아뚜드쑤위트 즉시 보자

생생 여행
Tip

• 음식 주문

프랑스도 음식배달 주문어플이 있다. 슬프게도 파리의 연쇄 테러 이후 배달 음식업계는 호황을 누리기 시작했다. 사람많은 식당은 테러의 표적이 된다고 생각, 주문해 먹는 사람들이 많아졌다.

프랑스 배달 대행업체 딜리버(Deliveroo)는 민트색 유니폼을 입은 샤프한 청년들이 자전거를 타고 배달해준다. 그 외 푸도라(Foodora), 알로 레스토(Allo Resto), 레스토-인(Resto-In) 어플도 이용된다. 맥도날드도 우버 잇츠(Uber Eats)와 손을 잡고 파리와 리옹에 햄버거를 배달한다.

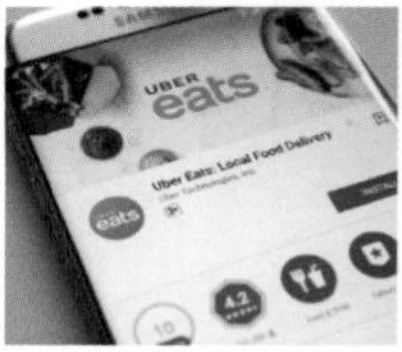

1. 딜리버루(Deliveroo): 미슐랭 스타 레스토랑 등 고급 코스요리 음식도 배달한다. 최소주문은 15유로, 배달속도가 빠르다.
2. 우버잇츠(Uber Eats): 파리와 리옹에서 주문가능, 최소주문액은 없음
3. 푸드쉐리(Food Cheri): 파리와 근교 가능, 영양사의 밸런스 고려요리 특화
4. 팝쉐프(Pop Chef): 경제성과 건강을 강조, 건강식 주요리 대부분 10유로 수준

유용한 회화 표현

5-6.mp3

La chambre est trop petite.	방이 너무 작습니다.
La chambre est trop chaude.	방이 너무 덥습니다.
La chambre est trop froide.	방이 너무 춥습니다.
La chambre est trop sombre.	방이 너무 어두워요.
La chambre est trop bruyante.	방이 너무 시끄럽습니다.
La télévision ne marche pas.	텔레비전이 작동되지 않아요.
Le radiateur ne fonctionne pas.	난방이 작동되지 않습니다.
La climatisation ne fonctionne pas.	냉방이 작동되지 않습니다.
La bouilloire ne marche pas.	전기주전자가 작동되지 않습니다.
La fenêtre ne s'ouvre pas.	창문이 열리지 않습니다.
Je n'arrive pas à ouvrir la porte.	문을 잘 못 열겠습니다.
Je n'arrive pas à me connecter au Wifi.	와이파이 접속을 못하고 있습니다.
J'ai perdu ma clé.	제 열쇠를 분실했습니다.
On peut avoir un lit supplémentaire?	여분 침대를 추가할 수 있을까요?
On peut avoir un lit d'enfant?	어린이 침대를 추가할 수 있을까요?

어휘 플러스

체류	Le séjour 르 쎄주흐
규정	La réglementation 라 헤글르멍따씨옹
취소	L'annulation 라뉠라씨옹
불편한	inconfortable 엥꽁포흐따블르
다른	différent 디페헝
환불	Le remboursement 르 헝부흐쓰멍
추가요금	Le frais supplémentaire 르 프헤쒸쁠레멍떼흐
비데	Le bidet 르 비데
수건	Les serviettes 레 쎄흐비에뜨
가운	Le peignoir 르 뻬누와흐
샴푸	Le shampooing 르 샹뿌앵
린스	L'après-shampooing 라 프헤-샹뿌앵
치약	Le dentifrice 르 덩띠프히쓰
칫솔	La brosse à dents 라 브호쓰 아 덩
샤워 젤	Le gel douche 르 젤 두슈
바디크림	Le lait corps 르 래꼬흐
데오드란트	Le déodorant 르 데오도헝
전기면도기	Le rasoir électrique 르 하주와흐 엘렉트히끄
손톱 깎기	Le coupe-ongles 르 꾸쁘-옹글르
데이크림	La crème jour 라 크헴 주흐
나이트크림	La crème nuit 라 크헴 뉴위
클렌징크림	La crème démaquillante 라 크헴 데마뀌이엉뜨

프랑스가 궁금해

프랑스 마트에 가면 결정장애가 온다

배낭여행자는 채소와 과일을 먹지 못하는 경우가 많다. 버터를 빵 표면에 골고루 얇게 바르지 않고 뭉텅뭉텅 들어간 바게트 샌드위치를 여러 번 사먹으면, 제대로 못 먹은 것 같은데 체중이 늘어난다. 프랑스는 비닐에 든 샐러드팩 종류가 다양하다. 이미 씻겨졌다는 뜻으로 데자 라베(Déjà lavé)라고 씌여 있다. 소스를 사기 싫으면 요거트에 비벼서 먹자. 1€ 샐러드도 아주 신선하고 깨끗하게 씻겨져 있다. 바나나도 4개에 천원정도다. 사과도 한 개씩 살 수 있다.

고기는 한국보다 훨씬 저렴하다. 삼겹살 100g당 1,000원 정도 절반가격. 소고기도 등심 100g 당 2,000원이다. 마블링은 덜하다. 베이컨은 짠 경우가 많으니 Nature로 산다.

바게트나 크와쌍, 샌드위치는 마트보다 블랑제리 Paul 빵집이 맛있다. 마트 샌드위치는 짜고 피자나 크로크 무슈(식빵 사이에 햄, 치즈)가 낫다.

치즈의 나라라서 가격은 대부분 한국의 절반 가격이다. 미각도 학습이다. 다양한 치즈를 맛보자. 양젖 치즈 로크포르(Roquefort)는 초보자에게 힘들다.

김치와 국물을 먹고 싶고 느끼할 때는 한국에서 비싼 maille의 피클과 컵라면(일본라면이 많다)을 먹는 방법이 있다.

파리는 유럽의 모든 식품의 집결지다. 멜론, 하몽, 샹그리아까지 다 살 수 있다.

Nuna

몇 시에 체크아웃해야 하나요?

À quelle heure faut-il régler ma note?

아 껠뢰흐 포띨 헤글레 마 노트

Réceptionniste

12시까지입니다, 마담!

Jusqu'à Midi, Madame!

쥐 쓰꺄 미디 마담

Nuna

결제하려고 하는데요.

Je suis prête à régler ma note.

즈 쑤위 프헤따 헤글레 마 노트

Réceptionniste

네 알겠습니다!

Pas de problème!

빠 드 프호블램

Nuna

택시를 불러주실 수 있으세요?

Vous pouvez m'appeler un taxi, s'il vous plaît?

부 뿌배 마쁠레 엥딱시 씰 부 쁠래

Réceptionniste

바로 부르겠습니다, 마담!

Tout de suite, madame!

뚜 드 쑤위트 마담

Nuna

아름다운 호텔이에요.

C'est un bel hôtel.

쎄떵 벨 오뗄

Réceptionniste

감사합니다!

Merci!

메흐씨

Nuna

프랑스 남부에서는요, 저는 캠핑을 해요!

Dans le sud de la France, je fais du camping!

덩 르 쒸드 드 라 프헝쓰 즈 패 뒤 껑삥

Réceptionniste

좋은 생각이세요!

Bonne idée!

본 이데

à quelle heure 아 껠래흐 몇시에
Il faut 일 포 ~해야 한다
régler 헤글레 결제하다
jusqu'à 쥐쓰꺄 ~까지
midi 미디 정오
prête 프헤트 준비된
appeler 아뻴레 부르다
dans 덩 ~안에
le sud 르 쒸드 남쪽
faire du camping 페흐 뒤 껑삥 캠핑을 하다

생생 여행 *Tip*

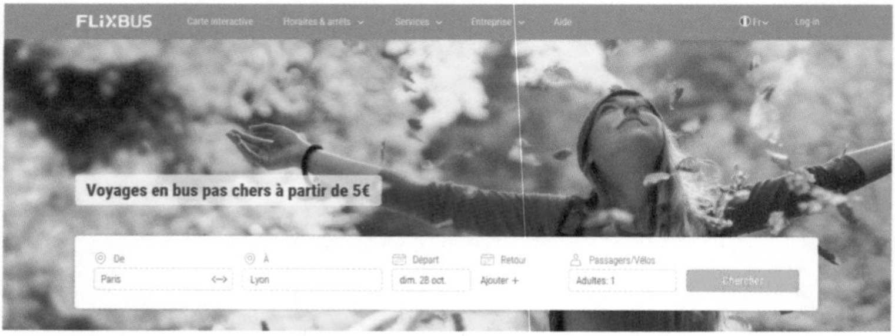

• 저가 고속 버스

저가 고속버스를 타면 프랑스에서 국내와 국외로 가장 경비를 절약하며 이동할 수 있다. 야간 이동노선을 타서 숙박비를 절약하는 배낭여행객도 많다. 프랑스 지방도시 몽펠리에에서 스페인 바르셀로나까지 15유로로 갈 수 있다. 운전기사분들도 대부분 영어를 포함한 2개국어를 해서 소통이 원활한 편이다.

플릭스버스(www.flixbus.com) 영어로 예약가능하다. 가격이 싸다. 파리-런던을 15유로에도 갈 수 있다. 어플로 예약시에는 어플내에 있는 QR 코드로 표를 대신한다. 프로모션이 있는 경우 10유로짜리 티켓도 나온다. 버스는 공항과 달리 유럽내에서 시내로 빨리 진입하고 버스 자체가 아주 깨끗하다.

위버스(www.ouibus.com)도 버스 안에서 '검색용' 와이파이가 가능하다.

결제방법은 페이팔이 편하다. 경로 검색전 홈페이지에서 페이팔(paypal) 계정을 만든다. 파리에서 브뤽셀 13유로, 런던 19유로, 암스테르담 19유로에도 갈 수 있다. 티켓이 필요없고 여권만 있으면 된다. 출발 한시간 전에 자리지정 좌석을 메일로 발송해준다.

유용한 회화 표현

5-8.mp3

Il y a un inventaire?	비품 목록 리스트가 있나요?
Il me faut un adaptateur.	어댑터 변환기가 필요합니다.
Il me faut une rallonge.	연장코드 선이 필요합니다.
Vous pouvez faire les réparations?	수리를 해 주실 수 있으십니까?
Il n'y a pas d'électricité maintenant.	현재 전기가 들어오지 않습니다.
Il n'y pas d'eau.	물이 안 나옵니다.
Les toilettes fuient.	화장실에 물이 샙니다.
Où est le plus proche terrain de camping?	가장 가까운 캠핑장이 어디 있죠?
On peut camper ici?	여기서 캠핑할 수 있나요?
Le prix inclut l'électricité?	이 가격이 전기세도 포함하는 거죠?
On peut louer une tente?	우리가 텐트를 빌릴 수 있을까요?
Où sont les toilettes?	화장실이 어디에 있나요?
Où sont les poubelles?	쓰레기통이 어디에 있나요?
Ne faites pas de feu!	불 피우지 마세요!
Ne buvez pas l'eau!	물을 마시지 마세요!

어휘 플러스

자물쇠와 열쇠	la serrure et les clés 라 쎄휘흐 에 레끌레
세탁기	la machine à laver 라 마쉰 알 라베
냉장고	le réfrigérateur 르 헤프히제하뙈흐
전자 레인지	le micro-ondes 르 미크호-옹드
다리미	le fer à repasser 르 페흐 아 허빠쎄
화재 감지기	le détecteur de fumée 르 데떽뙈흐 드 퓌메
소화기	l'extincteur 렉쓰뗑뙈흐
통조림따개	l'ouvre-boîte 루브흐-브와뜨
와인 오프너	le tire-bouchon 르 띠흐-부숑
부엌칼	le couteau de cuisine 르 꾸또 드 뀌진
도마	la planche à découper 라 쁠랑슈 아 데꾸뻬
프라이팬	la poêle 라 뿌알르
냄비	la casserole 라 꺄쎄홀
침낭	le sac de couchage 르 싹 드 쿠샤즈
캠핑용 버너	le réchaud 르 헤쇼
보온병	la bouteille thermos 라 부떼이으 떼흐모스
아이스박스	la glacière 라 글라씨에흐
손전등	la lampe torche 라 렁쁘 또흐슈
나침반	la boussole 라 부쏠
공기주입식매트릭스	le matelas gonflable 르 마뜰라 공플라블
청소용 세제	le produit de nettoyage 르 프호뒤이 드 네뚜와이아즈
곤충차단용 제품	le produit contre les insectes 르 프호뒤이 꽁트흐 레젱쎅뜨

프랑스가 궁금해

파리구역별 특징과 월세 수준

파리는 서울의 1/6 크기, 20개 구역으로 구성,
우편번호로 구역을 표시한다.
(예: 75001에서 75는 파리1존을 의미, 1구역)

1구역: 오래된 중심지라 가장 비싼 구역, 루브르박물관 근처
2구역: 오래된 중심지 관광지역, 안전 지역, 국립박물관 근처
3구역: 비쌈, 마레지구, 전통적 구역이라 건물들이 200-300년 역사
4구역: 비쌈, 가장 중심위치, 퐁피두센터, 노트르담 성당 근처
5구역: 약간 비쌈, 안전도 좋음, 누벨 소르본느대학 근처
6구역: 뤽상부르 공원이 있고 대학생이 많다.
7구역: 비쌈, 해외대사관, 경찰들이 많다, 주민들 평균연령 60대
8구역: 아주 비쌈, 샹제리제 거리
9구역: 역 주변은 약간 위험, 오페라와 쁘렝땅 백화점
10구역: 약간 위험, 동역과 북역 위치, 역 근처는 약간 위험, 생마르탱 운하 근처
11구역: 테러로 선호도 감소, 바가 많고 젊은이들의 활기찬 구역
12구역: 저렴한 편, 대학생이 많고 새벽에도 사람이 다닌다. 바스티유광장 근처
13구역: 저렴한 편, 차이나타운, 중국식당과 마트, 미테랑도서관 근처
14구역: 약간 비쌈, 몽파르나스 타워와 몽수리 공원, 대학기숙사 위치
15구역: 약간 비싸고 한인식당 등 한인타운, 한국시장
16구역: 아주 비싸고 주택가, 부촌, 세느강변 위치, 가족들이 살기 좋다.
17구역: 신 개선문, 18구역 몽마르뜨언덕과 물랑루즈, 19구역 라빌레뜨 20구역은 페르라셰즈 묘지가 관광장소인데 동네 치안문제가 언급된다.(17구 남쪽은 개선문 근처라 OK)

파리에서 집 구할 때 고려할 점

1. 파리에서 집 구하기는 프랑스 사람들에게도 어렵다. 집이 나오고 남쪽에 위치하면 들어가는 방법이 좋다.
2. 전기세가 비싸니 공동(collectif) 중앙난방(Chauffage central)을 선택한다.
3. 파리는 대부분 150년 이상된 건물이고 엘리베이터 없다.
4. 옥탑방(하녀방: 실제로 하녀가 살았던 방)은 부촌 16구에 위치되어 있어도 가격저렴, 단 6, 7층을 걸어 다녀야 한다.
5. 입주시 바닥의 얼룩 자국 하나까지 꼼꼼히 따져서 집 상태 검사(État des lieux) 서류에 표시해야 한다. 집을 뺄 때 보증금을 뺏긴다. 그러나 한국인을 믿고 찾는 좋은 프랑스 주인도 많다!

6

쇼핑

쇼핑하기

은행

시장, 슈퍼

우체국, 인터넷과 전화

GUERLAIN
GUERLAIN
GIVENCHY

Vendeuse 안녕하세요, 도와드릴까요?

Bonjour, je peux vous aider?

봉주호 즈 뾔 부 제데

Nuna 아니요 감사합니다, 저 보기만 하려구요!

Non merci, je regarde seulement!

농 메흐씨 즈 허갸흐드 쐘멍

Vendeuse 원하시는 데로 하세요!

Comme vous voulez!

꼼 부불래

Nuna 이것 좀 볼 수 있을까요?

Je peux voir ça ?

즈뾔 부와흐 싸

Vendeuse 칫수가 어떻게 되세요?

Quelle est votre taille?

껠레 보트흐 따이으

Nuna 저는 38사이즈를 입어요.

Je fais du 38.

즈패 뒤트헝뜨위뜨

Vendeuse 손님 사이즈네요!

C'est votre taille!

쎄 보트흐 따이으

Nuna — 이것 세일중인가요?

C'est en solde?

쎄떵쏠드

Vendeuse — 네, 내일까지에요!

Oui, jusqu'à demain!

위, 쥐쓰꺄드맹

Nuna — 옷 입어보는 곳은 어디에 있죠?

Où est la cabine d'essayage?

우에 라꺄빈 데쎄이야즈

---

je peux 즈뾔 나는 할수있다
aider 에데 돕다
non 농 아니(요)
regarde 허가흐드 보다
seulement 쐴멍 단지
comme 꼼 처럼
voir 브와흐 보다
votre 보트흐 당신의
la taille 라따이으 칫수
la cabine d'essayage 라 꺄빈 데쎄이야즈 옷입어보는 공간
38 트헝뜨위뜨 38

생생 여행 Tip

• 반 소비주의 국가 프랑스

프랑스는 명품이 아닌 중고품, 골동품의 나라다. 접시에 남은 소스도 빵으로 닦아 가며 설거지하듯 먹고, 도로엔 페라리 스포츠카 바로 뒤에 폐차장에 가야할 차가 나란히 서 있어서 무슨 자동차 역사 박물관에 온 것 같다.

여자들은 옷은 일년에 두 번 세일할 때 산다. 여성 의류사이즈는 보통 44, 55, 66 등의 수치를 사용하지만 프랑스는 숫자 34부터 짝수 단위로 사이즈를 표시한다. 34, 36, 38, 40 등이 프랑스의 의류 사이즈 구분 방식이다. 이탈리아는 여성 의류 사이즈는 80부터 시작 10단위로 올라가서 우리나라 여성 의류 44사이즈는 이탈리아 80이다.

• 여성의류 사이즈 표

구분	한국	미국	프랑스
XS	44 (85)	2	34
S	55 (90)	4	36
M	66 (95)	6	38
L	77 (100)	8	40, 42
XL	88 (105)	10	44, 46, 48
XXL	110	12	50, 52, 54

*아마존닷컴의 사이즈를 환산한 것으로, 정확한 사이즈는 반드시 개별 물품 정보에서 확인하세요.

• 신발 사이즈 표

한국(mm)	미국(남)	미국(여)	유럽(남)	유럽(여)
210	-	4	-	34
220	-	5	-	35.5
230	5	6	36.5	36
240	6.5	7.5	38	37.5
250	7.5	8.5	39	38.5
260	9	10	41	40
270	10	11	43	42
280	11	12	45	43
290	12	13	46	44

유용한 회화 표현

6-2.mp3

Je cherche un manteau.	저는 코트를 찾습니다.
Quelle est votre taille?	치수가 어떻게 되시죠?
Donnez-moi une taille moyenne !	중간 치수로 주세요!
Vous avez ma taille?	제 치수가 있으십니까?
Vous avez le même en 36?	같은 것으로 36사이즈 있으세요?
Montrez- moi ce manteau noir, s'il vous plaît!	이 블랙코트를 보여주세요!
Vous avez d'autres couleurs?	다른 색깔들도 있나요?
Je peux essayer?	입어볼 수 있죠?
Où sont les cabines d'essayage?	드레스 룸은 어디에 있습니까?
Quelle est votre pointure ?	신발 사이즈가 어떻게 되십니까?
Je fais du 37.	37을 신습니다.
Je peux essayer celles de la vitrine?	진열장에 있는 것으로 신어볼 수 있죠?
Elles sont trop serrées.	신발들이 너무 조이는 데요.
Vous avez la pointure au-dessus?	위 치수가 있나요?
Vous avez la pointure en dessous?	아래 치수가 있나요?

어휘
플러스

원피스	Une robe 윈 호브
셔츠	Une chemise 윈 슈미즈
재킷	Une veste 윈 베스트
남성용 정장	Un costume 엥 꼬쓰뜀
스웨터	Un pull 엥 쀨
티셔츠	Un t-shirt 엥 띠셔허츠
청바지	Un jean 엥 진
스커트	Une jupe 윈 쥐쁘
점퍼	Un blouson 엥 블루종
넥타이	Une cravate 윈 크하바뜨
스카프	Un foulard 엥 풀라흐
란제리	De la lingerie 드 라 랭즈히
양말	Des chaussettes 데 쑈쎄뜨
허리띠	Une ceinture 윈 쎙뛰흐
지갑	Un portefeuille 엥 뽀흐뜨푀이으
샌들	Des sandales 데 썽달
부츠	Des bottes 데 보뜨
운동화	Des baskets 데 바스껫
펌프스	Des escarpins 데 제쓰까흐뺑
수영복	Un maillot de bain 엥 마이오 드 뱅
하이힐	Des chaussures à talon 데 쇼쉬흐 아 딸롱
스포츠화	Des chaussures de sport 데 쇼쉬흐 드 쓰뽀흐

파리의 쇼핑

RUE는 거리, BOULEVARD는 큰 길, AVENUE는 직선의 큰 거리

1. 오래된 백화점 봉마르쉐 Bon marché 7구역,
   쁘렝땅 Printemps 백화점
2. 멋진 오스만 갤러리아 라파예뜨 돔 형태 건물양식,
   라파예뜨 Lafayette 백화점
3. Le BHV 백화점 4구역, 파리지엥들이 즐겨 찾는다.
4. 포럼 데 알 FORUM DES HALLES, 1구, 160개이상 매장
5. 보그흐넬 BEAUGRENELLE, 15구, 영국매장 Mars & Spencer도 있다.
6. BOULEVARD BEAUMARCHAIS: 3구역 컨셉 스토어Merci, AMI, A.P.C

- 어린이를 위한 패션 부띠끄

1. BONPOINT: 7구역, 82 rue de Grenelle, 75007
2. BONTON: 6구역, 6 rue de Tournon, 75006

- 남자를 위한 패션 부띠끄

1. SAUVER LE MONDE DES HOMMES, 8 rue beaurepaire,75010
   남자의 세계를 구하다! 10구역, 트렌디한 남성패션 컨셉
2. LA GARÇONNIÈRE, 40 rue des Petits Carreaux, 75002
   2구역, 매장안에서 이발할 수 있다. 인테리어가 감각적

Nuna	안녕하세요, 현금인출기가 어디에 있나요? **Bonjour, où est le distributeur?** 봉주호 우에 르디쓰트히뷔뙈흐
Banquier	현금인출기는 문 가까히 있습니다. **Il est près de la porte!** 일래 프헤 드라뽀흐트
Nuna	올랄라! 현금 인출기가 제 카드를 삼켰어요. **Oh là là! Il a avalé ma carte bleue.** 올랄라 일 라 아발레 마 꺄흐트 블뢰
Banquier	잠깐만 기다리세요! 자, 여기 카드 받으세요! **Attendez une minute! Voilà, votre carte!** 아떵대 윈 미뉘트 부왈라 보트흐 꺄흐트
Nuna	제가 비밀번호를 잊어버렸어요. **J'ai oublié mon mot de passe.** 재 우블리에 몽 모 드빠쓰
Banquier	현금을 인출하기를 원하십니까? **Vous voulez retirer de l'argent?** 부불래 허띠헤 드 라흐졍
Nuna	네, 여기 제 구좌 내역이 있거든요! **Oui, voici mes coordonnées bancaires!** 위 브와씨 메꼬흐도네벙께흐

Banquier	그리고 신분증 제시해주시겠어요! **Et votre pièce d'identité, s'il vous plaît!** 애 보트흐 삐에쓰 디덩띠떼 씰 부 쁠래
Nuna	여기 있습니다! **Tenez!** 뜨내
Banquier	당신의 서명을 해주셔야 합니다. **Il me faut votre signature!** 일 므포 보트흐 씨니아뛰흐

le distributeur 르디쓰트히뷔때흐 현금인출기
le mot de passe 르모드빠쓰 비밀번호
oh là là 올 랄 라 와! 올라라 (감탄사)
avalé 아발레 삼켰다
oublié 우블리에 잊어버렸다
retirer 허티헤 인출하다
l'argent 라흐정 돈
coordonnées 꼬오흐도네 신상명세, 연락처
bancaires 벙께흐 은행의
Il me faut 일므포 내게 ~가 필요하다

생생 여행
Tip

• 은행 비교 사이트

프랑스어를 하는 사람은 프랑스 현지 은행의 BEL(Banque En Ligne) 은행 비교 사이트에 들어가 은행들의 서비스를 비교해 본다. 신규 계좌 개설자 할인 혜택, 친구 추천 할인 혜택 등도 있다. 카카오뱅크같은 인터넷 은행(Boursorama Banque), 전통적인 은행은 BNP PARIBAS, SOCIETE GENERALE, LCL, HSBC, Crédit Agricole 등이 있다. 프랑스인은 수표를 많이 쓴다.

유학생이나 연수생의 경우 프랑스 지인이 이용하는, 자신의 주소지와 가까운 지점에 같이 가서 열면 일처리가 빠른 편이다. 왜냐하면 은행업무 담당자와 랑데부(Rendez-vous 약속)을 잡은 다음, 담당자에게 서류를 제출하고, 유학 자금 출처 등 질문에 답변하는 시스템이기 때문이다. 많은 프랑스 은행이 월요일에 문을 닫고 토요일에 연다. 영업시간은 9시 – 16시다.

KEB하나은행 파리지점은 샹젤리제 거리 중간지점에 위치
주소 1/9호선 Frankin D.Roosevelt역 1번 출구, 2층
38 avenue des Champs-Elysées 75008 Paris, France
Tél. 01.53.67.12.00 월–금 오전 09:00-12:00, 오후 13:00-16:00

유용한 회화 표현

6-4.mp3

Je voudrais retirer de l'argent.	현금을 인출하고 싶습니다.
Je voudrais déposer de l'argent.	입금하려고 합니다.
Je voudrais faire du change en euros.	유로화 환전을 하고 싶습니다.
Je voudrais faire du change en livres.	파운드화 환전을 하려고 합니다.
Voilà mon passeport.	자 여기 제 여권이 있습니다.
Mon numéro de compte, c'est ça!	제 구좌번호는 이것입니다!
Voici mes coordonnées bancaires.	제 은행계좌 정보입니다.
Il faut entrer votre code secret.	비밀번호를 입력하셔야 합니다.
Il faut signer ici?	여기 서명해야 하나요?
Où est le distributeur?	현금인출기가 어디에 있나요?
J'ai oublié mon code secret.	제 비밀번호를 잊어버렸어요.
Le distributeur a avalé ma carte.	현금인출기가 제 카드를 삼켰어요.
Mon argent est arrivé?	제 돈이 도착했나요?
La banque ouvre à quelle heure?	은행이 몇 시에 여나요?
La banque ferme à quelle heure?	은행이 몇 시에 닫나요?

어휘 플러스

수입	Le revenu 르 허브뉘
이체	Le virement 르 비흐멍
입금	Le dépôt 르 데뽀
인출	Le retrait 르 허트해
수수료	La commission 라꼬미씨옹
이자	L'intérêt 랭떼해
잔액	La solde 라 쏠드
한도금액	Le plafond 르 쁠라퐁
적금통장	Le compte sur livret 르 꽁뜨쒸흐리브헤
저축통장	Le compte d'épargne 르 꽁뜨데빠흐니으
정기예금	Le dépôt à terme 르데뽀아떼흐므
대출	Le prêt 르 프해
융자	Le financement 르 피넝쓰멍
저축은행	La caisse d'épargne 라 깨쓰 데빠흐니으
통화제도	Le système monétaire 르 시스템 모네떼흐
프랑스은행	La Banque de France 라 방끄 드 프헝쓰
유럽중앙은행	La BCE (Banque Centrale Européenne) 라 베쎄으
마이너스금액	Le montant de découvert 르 몽떵 드 데꾸베흐
계좌 증명서	Le RIB (Relevé d'identité Bancaire) 르힙
자동이체	Le prélèvement automatique 르 프헤레브멍 오또마띠끄
월 결제카드	La carte bancaire débit différé 라 까흐뜨벙께흐 데비디페헤
즉시결제카드	La carte bancaire débit immédiat 라 까흐뜨벙께흐 데비이메디아

프랑스가 궁금해

슈퍼에서 사 먹어도 맛있다

날씨가 좋고, 럭셔리한 저녁식사를 하고 싶다면 점심은 가볍게 슈퍼에서 피자, 치즈, 파스타, 파에야, 연어, 페리에, 와인 등을 사서 공원으로 가자. 약국 화장품도 슈퍼에서 사는 경우 저렴한 경우가 많이 있고 친환경 제품도 저렴한 편이다.

1. 모노프리(MONOPRIX)
   오페라 모노프리 지점에는 에스컬레이터, 엘리베이터가 완비되어 있고 공항버스 타기 좋다. 전자레인지가 있어서 컵라면 같은 음식을 데울 수 있다. 샹젤리제 모노프리는 밤12시까지 늦게 연다. 약간 백화점 분위기가 난다.

2. 프랑프리(FRANPRIX)
   샌드위치, 샐러드 같은 한끼 간단히 먹기 좋은 음식을 팔고 1유로도 안하는 모짜렐라 치즈도 있고 겨울에도 열대과일이 있다. 대중적인 슈퍼마켓이라 가격이 합리적이다.

3. 까르푸(CARREFOUR)
   파리 외곽에는 초대형 마트가 있어서 차를 가지고 와 일주일치 장을 보는 가정이 많다. 시내에도 있다. 가격이 저렴한 편이다. 요리가 가능한 숙소에 있을 경우 원재료상태의 식재료를 사면 좋다. 까르푸 비오 매장도 늘고 있다.

4. 오샹(AUCHAN)
   중국 무인편의점 사업에도 뛰어든 대형마트다. 까루프처럼 작은 매장은 파리 시내에 없으며 쌍플리(SIMPLY)가 있다.

5. 독일 슈퍼 리들(Lidl)
   여기는 독일 제품도 많고 가격대가 현저히 싼 편이다. 과자, 아이스크림, 밀크티 온갖 군것질 거리가 한 개당 1유로와 2유로 사이인 경우도 많다.

Nuna 안녕하세요, 아저씨! 딸기 1킬로그램 주세요!

Bonjour, Monsieur! Un kilo de fraises, s'il vous plaît!

봉주흐 므씨외 엥 낄로 드 프헤즈 씰 부뿔래

Vendeur 자 여기 있습니다, 마드무와젤!

Voilà, mademoiselle!

부왈라 마드무와젤

Nuna 포도는 얼마죠?

Les raisins, ça coûte combien ?

레 해쟁 싸꾸뜨 꽁비앙

Vendeur 킬로당 6유로입니다.

6 euros le kilo.

씨 죄호 르 낄로

Nuna 와 비싸네요!

Oh! C'est cher!

오 쎄쉐흐

Vendeur 네, 그렇지만 맛있어요.

Oui, mais ils sont délicieux.

위 매 일쏭 델리씨외

Nuna 아니! 토마토를 주세요.

Non, Je voudrais des tomates.

농 즈부드해 데 또마트

Vendeur 오늘 토마토 신선합니다!

Aujourd'hui, elles sont bonnes!

오조흐드위 엘 쏭 본느

Nuna 그리고 오렌지는 얼마인가요?

Et les oranges, ça coûte combien?

에 레조헝즈 싸꾸뜨 꽁비앙

Vendeur 킬로당 3유로입니다.

3 euros le kilo

트후와쵀호 르낄로

Nuna 좋아요, 오렌지 1킬로 주세요!

D'accord, un kilo d'oranges, s'il vous plaît!

다꼬흐 엥낄로도헝즈 씰부쁠래

---

les raisins 레 해쟁 포도
les raisins secs 레 해쟁 쎅 건포도
ça coûte 싸 꾸뜨 이것이 가격이 ~ 나가다
combien 꽁비앙 얼마나
cher 쉐흐 비싼
délicieux 델리씨외 맛있는
le kilo 르 낄로 킬로당
les tomates 레 또마트 토마토
les tomates cerises 레 또마트 쓰히즈 방울토마토
les cerises 레 스히즈 체리

• 백화점, 신과 남편이 지속적으로 싸워야 하는 곳

솔드(Soldes)는 세일과 통장잔액이라는 두 가지 뜻이 있다. 솔드를 즐기고 누리다 보면 솔드가 바닥이 된다.

프랑스의 공식적인 솔드는 경제부에서 공식 날짜를 발표해 일년에 겨울과 여름 두 차례, 1월 첫 번째나 두 번째 주 수요일과 6월 마지막 주 수요일, 이런 식으로 전국적으로 시작된다. 세일 전 가격과 세일가격을 모두 명시해야 한다. 첫날부터 30~50%의 할인율을 적용하고 막판에 가면 70%까지 할인된다.

파리의 봉 마흐쉐(Bon marché) 백화점이 가장 오래된 백화점이다. 에밀 졸라가 19세기 소설 '여인들의 행복 백화점' 집필 전에 부인 쇼핑을 따라가서 직접 관찰했다는 그 백화점이니 역사가 깊다. 에밀 졸라는 '백화점은 불안정한 열정의 유용한 배출구이자 신과 남편이 지속적으로 싸워야 하는 곳이다'라는 통찰을 이미 1883년에 말했다. 여기에 솔드까지 합세할 것이라는 것을 그는 알았을까?

유용한 회화 표현

6-6.mp3

Je prends ça.	저는 이걸로 할게요.
C'est bon marché!	싼 가격입니다.
Un peu plus, s'il vous plaît !	약간만 더 주세요!
Il vous en reste?	그거 남아 있나요?
C'est en promotion?	행사중인가요?
Je paye où?	어디서 돈을 내죠?
Je peux avoir un sac?	봉투 하나 주실래요?
Où est la boulangerie?	빵집 어디에 있어요?
Où est le marchand de légumes?	야채가게는 어디에 있나요?
Où est le rayon des boissons ?	음료수 칸은 어디에 있나요?
Où est la boucherie?	정육점은 어디에 있나요?
Où est l'épicerie?	식료품은 어디에 있나요?
Où est la poissonnerie?	생선코너는 어디에 있나요?
Où est la caisse?	계산대는 어디에 있죠?
Où est le bureau de tabac?	담배가게는 어디에 있죠?

어휘 플러스

복숭아	Une pêche 윈 뻬슈
살구	Un abricot 엔 나브히꼬
체리	Des cerises 데 쓰히즈
딸기	Des fraises 데 쁘해즈
멜론	Un melon 엥 믈롱
포도	Du raisin 뒤 해젱
바나나	Une banane 윈 바난느
오렌지	Une orange 윈 오헝즈
레몬	Un citron 엥 씨트홍
사과	Une pomme 윈 뽐므
토마토	Une tomate 윈 또마뜨
양파	Un oignon 엔 오뉘옹
파	Un poireau 엥 뿌와호
버섯	Des champignons 데 샹삐니옹
호박	Une courgette 윈 꾸흐제뜨
오이	Un concombre 엥 꽁꽁브흐
감자	Une pomme de terre 윈 뽐 드 떼흐
당근	Des carottes 데 까호뜨
고추	Des piments 데 삐멍
생크림	De la crème fraîche 드 라크헴므 프해슈
버터	Du beurre 뒤 뵈흐
까망베르	Du camembert 뒤 까멍베흐

프랑스가 궁금해

프랑스에서 유명한 제품들

1. 과자: 루 LU 밀크초코렛, 본마망 BONNE MAMAN
2. 칩: Lays 4가지 야채맛 Chips aux 4 légumes, FLODOR 감자칩
3. 초콜렛: 린트 Lindt의 Lindor
4. 사과주: 레 고엘르리 Les goelleries와 에뀌송 ECUSSON의 시드르 Cidre
5. 미니잼 세트: BONNE MAMAN 종류별로 맛볼수 있다.
6. 차: ELEPHANT TEA, KUSMI TEA, 1854 Mariage Frères는 고급차
7. 비누: 쁘띠 마르세이 Le petit marseillais, 오일을 끓인 전통비누(액체)
8. 원두커피: 꺄흐뜨 누와흐 Carte Noire N°6 Corsé 진한 커피
   넘버가 낮을수록 연하다. 연한 커피는 GRAND MERE

9. 치즈: 까망베르: Président, 신의 변덕 Caprice des dieux
10. 올리브 스프레드: 타프나드 Tapenade(블랙올리브, 마늘 등 혼합)
11. 요플레: 프랑스가 본사인 DANONE의 모든 요거트
12. 미백치약: 노란색 포장의 짜면 빨간색인 Email Diamant 효과 좋다.
13. 미니와인: 5-6유로대 와인도 적당, 꼬뜨뒤론 레드와인이 한국인에게 맞다.
14. 달팽이요리: 슈퍼에도 판다. 오븐에 구우면 색다른 경험

15. 이태리식 멸치젓: 앤초비, 프랑스어는 anchois, 젓갈이 먹고 싶을 때.
16. 럼향기 아이스크림: Carte d'Or의 rhum-raisins
17. 전자레인지용 음식: 미슐랭 투스타 Joël Robuchon 제품, 닭고기 스파게티
18. 다이어트 음식: WeightWatchers 관자 스파게티
19. 모로코음식: 쿠스쿠스 브랜드는 Fleury Michon
20. 멸균우유: Candia의 Viva
21. 오렌지주스: Tropicana
22. 고급과자: Kambly, Gavottes 크레페
23. 맥주: 크로넨버그 1664, METEOR
24. 생수: 에비앙 Evian, 볼빅 Volvic, 다이어트용 contrex, 탄산수 Badoit
25. 허브: Ducros의 바질, 오레가노, 로즈마리, 타임, 타라곤, 샐러리소금
26. 겨자: 겨자씨가 눈에 보이는 Maille의 à l'ancienne로 스테이크를 먹는다.

Nuna

안녕하세요, 한국으로 이 소포를 보내고 싶습니다.

Bonjour, je voudrais envoyer ce colis en Corée du Sud, s'il vous plaît!

봉주호 즈 부드해 엉부와이에 쓰꼴리 엉 꼬헤뒤쒸드 씰부쁠래

Employé

네!

Oui!

위

Nuna

국제소포, 얼마인가요?

En colis international, ça coûte combien?

엉 꼴리 엥떼흐나씨오날 싸 꾸뜨 꽁비앙

Employé

30유로입니다.

30euro.

트헝때호

Nuna

알겠습니다. 이 편지도 등기우편으로 보내고 싶은데요!

D'accord. Je voudrais aussi envoyer cette lettre en recommandé!

다꼬흐 즈부드해 옷씨 엉부와이에 쎄뜨 래트흐 엉 허꼬멍데

Employé

이 양식을 채워 주세요!

Remplissez ce formulaire, s'il vous plaît!

헝쁠리쌔 쓰 포흐뮐래흐 씰 부 쁠래

Nuna

네, 예술가들의 우표가 있나요?

Oui, vous avez des timbres d'artistes?

위 부자배 데뗑브흐 다아흐티스트

Employé 물론이죠! 보여 드릴께요!

Bien sûr! Je vous montre!

비앙 쒸흐 즈 부 몽트흐

Nuna 제가 우표를 수집하거든요. 이걸로 주세요!

Je collectionne les timbres. Je prends ça!

즈 꼴렉씨온 레 뗑브흐 즈 프헝 싸

Employé 전부 합쳐서 50유로입니다.

Ça fait 50euros en tout!

싸패 쌩껑때호 엉 뚜

---

envoyer 엉부와이에 보내다
ce 쓰 이, 그 (남성형)
colis 꼴리 소포
cette 쎄뜨 이, 그 (여성형)
lettre 래트흐 편지
en recommandé 엉허꼬멍데 등기로
remplissez 헝쁠리쎄 기재하세요
montre 몽트흐 보여주다
collectionne 꼴렉씨온느 수집하다
en tout 엉 뚜 전부 합쳐서
trente 트헝뜨 30
cinquante 쌩껑뜨 50

생생 여행

Tip

• 우표, 한 통의 편지는 한 사람의 영혼이다

프랑스에는 우표를 수집하는 사람들이 많다. 스마트폰의 등장으로 더욱 더 자신이 모아왔던 평생의 우표 작품들을 블로그에 올려 흔적을 남기는 수집가들이 많다. 프랑스에서는 엽서, 편지, 우표, 로맨티시즘이 중요한 일상의 가치들이다. 우표의 이미지들은 화가들의 그림, 현대 예술가, 가수, 올림픽 등 역사에 족적을 남긴 이들의 초상화와 작품들로 구성된다. 국적에 관계없이 예술로 하나 된다. 폴 세잔(Paul Cézanne), 앙리 마티스(Henri Matisse), 바실리 칸딘스키(Wassily Kandinsky), 에드바르트 뭉크(Edvard Munch), 앤디 워홀(Andy Warhol) 등 세계적인 예술가의 잘 알려지지 않은 작품도 우표의 주제로 등장하고, 역사, 세계, 지역, 테마, 대중문화 모든 것을 초월하며 우표 컬렉션으로 인식의 지평을 넓힌다. 아는 만큼 보인다!

http://www.collectorzpedia.com

유용한 회화 표현

6-8.mp3

Je poste ça où?	이것 어디서 부치죠?
Quel est le contenu?	소포 내용물이 무엇인가요?
Quelle est sa valeur ?	가격이 얼마나 나가는 것이죠?
Je voudrais des timbres, s'il vous plaît!	우표를 사려고 합니다!
Je voudrais envoyer ça par avion.	이것을 항공우편으로 보내고 싶습니다.
Je voudrais envoyer cette lettre en recommandé.	이 편지 등기로 보내려고 합니다.
Je peux avoir un reçu?	영수증을 받을 수 있을까요?
Vous avez une connexion wifi?	와이파이 무선인터넷이 되나요?
Je peux regarder mes e-mails?	제 이메일을 확인할 수 있을까요?
Que faut-il faire pour se connecter au Wifi?	와이파이 접속하려면 어떻게 하죠?
Je peux utiliser cet ordinateur portable?	이 노트북을 사용해도 될까요?
Je dois envoyer un e-mail.	제가 이메일 하나를 보내야 하는데요.
On peut envoyer des e-mails d'ici?	여기서 이메일을 보낼 수 있나요?
Quelle est votre adresse e-mail?	당신의 이메일 주소는?
Mon adresse e-mail est ...	제 이메일 주소는 ...입니다.

어휘 플러스

소포	Un paquet 엥 빠꿰
봉투	Une enveloppe 윈 엉베로쁘
우표	Des timbres 데 뗑브흐
우편엽서	Une carte postale 윈 꺄흐뜨 뽀쓰딸
항공편	Par avion 빠흐 아비옹
우체통	La boîte aux lettres 라 브와뜨 오레트흐
우체부	Le facteur 르 팍떼흐
노트북	L'ordinateur portable 로흐디나뙈흐 뽀흐따블
인터넷사이트	Le site web 르 씨뜨웹
이메일	Un e-mail 엔 이멜
이메일	Un courriel 엥 꾸히엘
이메일	Un mél 엥 멜
컴퓨터자판	Le clavier 르끌라비에
핸드폰	Le téléphone portable 르 뗄레폰 뽀흐따블
전화카드	La carte de téléphone 라 꺄흐뜨 드뗄레폰
공중전화부스	La cabine téléphonique 라 꺄빈 뗄레포니끄
자동응답기	Le répondeur 르 헤뽕돼흐
여보세요.	Allô 알로
누구세요?	Qui est à l'appareil? 뀌에 따빠레이으
세린이요!	C'est céline. 쎄셀린
폴 바꿔주세요!	Je voudrais parler à Paul. 즈 부드해 빠흘레 아뽈
메시지전해주세요?	Je peux laisser un message? 즈 쁘 레쎄 엥 메싸즈?

숙명적인 치명적인 여자들

잔 다르크(Jeanne d'Arc) 1412년 태생, 자신이 지켰던 왕 샤를 7세에게 배신당하다. 그녀가 살아 돌아올 경우, 왕은 왕권이 약화될 것으로 믿었다. 랭스(Reims) 대성당에 그녀의 동상이 있다. 화형에 처해진 후 25년 후 무죄선언과 순교자로 추앙받는다.

en.wikipedia.org

조르주 상드(George Sand) 소설가. 프랑스 중부 노앙에 조르주상드의 집이 있다. 그 집 살롱에는 쇼팽이 치던 피아노가 있다. 그들은 9년간 연인이었다. 조르주 상드는 열 일곱에 결혼하고 남편과 헤어지고 글을 쓰고 남장을 하고 시가를 피웠다. 쇼팽의 아름다운 작품은 모두 상드와 살던 9년 동안 만들어진 곡들이다. 그녀는 예술가를 사랑하고 집착하고, 예술가로 살게 한 예술가다.

까미유 끌로델(Camille Claudel)은 1832년 조각가. 로댕이 아내와 이혼하겠다고 약속했지만 둘의 관계는 끝이 난다. 그 후 30년간 정신병원으로 보내져 사망했다. 파리 로댕 미술관에 그녀의 작품 〈파도〉(1897-1903)를 보면 파도가 세 여인을 삼킨다. 로댕에 의해 까미유 끌로델의 인생이 삼켜져버렸다.

© Musée Rodin

en.wikipedia.org

마리 퀴리(Marie Curie)는 미모, 신분이 아닌 자신의 두뇌로 역사에 남았다. 1903년 노벨 물리학상, 1906년 남편 사망으로 두 딸을 키우고 시아버지 모시다 1911년 노벨 화학상 수상 소르본 대학의 여성 최초, 물리학과 교수가 되었다. 그녀의 지적 호기심, 헌신, 희생, 책임감, 고독이 놀랍다! 소르본 대학 근처에 퀴리 박물관(Musée Curie)이 있다.

en.wikipedia.org

7

관광

관광사무소

할인 질문

관광 명소

수영장, 해변

Nuna

안녕하세요, 마담! 무엇을하는 것을 제게 추천해주시겠어요?

Bonjour, Madame! Qu'est-ce que vous me conseillez de faire?

봉주흐 마담 께쓰끄 부므 꽁쎄이애 드 패흐

Accueil

에펠탑과 루브르 박물관을 방문하실 수 있죠!

Vous pouvez visiter la Tour Eiffel et le musée du Louvre!

부뿌배 비지떼 라 뚜흐 에펠 에 르 뮤제 뒤 루브흐

Nuna

그렇지만 사람이 너무 많아요!

Mais il y a beaucoup de monde!

매 일 리 아 보꾸 드 몽드

Accueil

프랑스의 가장 아름다운 마을들을 보러 가는 것을 추천드려요!

Je vous conseille d'aller voir les plus beaux villages de France!

즈부 꽁세이 달래 부와흐 레 쁠뤼보 빌라쥬 드 프헝쓰

Nuna

멋진데요! 저는 시골이 너무 좋아요.

C'est super! J'adore la campagne.

쎄쒸페흐 쟈도흐 라 깡빠니으

Accueil

프랑스에 157개의 마을들이 있어요.

Il y a 157 villages en France!

일 리 아 썽쌩껑뜨세트 빌라쥬 엉 프헝쓰

Nuna 놀랍네요!

C'est extraordinaire!

쌔 엑스트하오흐디내흐

Accueil 받으세요! 가장 아름다운 마을들의 지도입니다.

Tenez! C'est la carte des plus beaux villages.

뜨내 쎄 라 꺄흐트 데 쁠뤼보 빌라쥬

Nuna 완벽해요!

Pafait!

빠흐패

Accueil 프랑스의 가장 아름다운 마을들 공식사이트를 가보시구요!

Visitez le site les-plus-beaux-villages-de-france.org!

비지떼 르씨뜨 레-쁠뤼-보빌라쥬-드-프헝쓰뿌엥오흐그

---

qu'est-ce que 께쓰끄 무엇을
pouvez 뿌베 할 수 있다
visiter 비지떼 방문하다
beaucoup de 보꾸드 많은
les plus beaux 레 쁠뤼보 가장 아름다운
villages 빌라쥬 마을들
la campagne 라 깡빠니으 시골
extraordinaire 엑쓰트하오흐디내흐 놀라운
tenez 뜨내 받으세요
parfait 빠흐패 완벽한
cent cinquante-sept 썽 쌩껑뜨-세트 157

• 1789 프랑스 대혁명 (La Révolution Française)

프랑스 혁명은 앙시앙 레짐(Ancien Régime)이라고 불리는 구제도에 대한 반발에서 시작됐다. 구제도 체제하에서는 인구의 2% 정도의 추기경, 로마 카톨릭 고위성직자 그리고 귀족이 면세 등 모든 기득권과 관직을 독점했다. 시민들은 결국 신분제에 대한 불만, 왕실파산에 이은 과도한 세금 부과 등의 극심한 경제위기 속에서 1789년 7월 14일 봉기해 바스티유 감옥(Bastille Saint-Antoine)을 습격했다. 바스티유 감옥에 대량의 무기가 숨겨져 있었고, 이 무기가 없었다면 프랑스 혁명은 실패했을 것이라고 한다.

그렇게 프랑스는 국외로 망명하려다 붙잡힌 루이16세(Louis XVI)를 단두대에서 처형했다. 그러나 루이16세 왕의 목을 자르고 시작한 혁명이 나폴레옹 황제(Napoléon I)를 세웠다. 역사와 과오는 반복된다!

나폴레옹1세와 왕비 조세핀의 대관식(그림일부)

유용한 회화 표현

7-2.mp3

Où est l'office de tourisme?	관광사무소는 어디에 있나요?
Vous avez un plan de la ville?	시내 지도가 있나요?
Vous avez un guide?	안내책자가 있나요?
Vous avez des prospectus?	홍보물이 있나요?
Il y a un musée?	박물관이 있나요?
Il y a une excursion?	소풍이 있나요?
Il y a une visite guidée?	가이드가 함께 하는 방문은?
Vous ouvrez à quelle heure?	몇 시에 여세요?
Vous fermez à quelle heure?	몇 시에 닫나요?
La prochaine visite est à quelle heure?	다음 방문은 몇 시죠?
C'est ouvert au public?	대중에게 공개되나요?
Il y a un accès handicapé?	장애인 출입구가 있나요?
Ça ferme le dimanche?	일요일마다 닫나요?
Ça ferme les jours fériés?	공휴일에 닫나요?

어휘 플러스

지도	**Le plan** 르 쁠렁
입장권	**Le billet d'entrée** 르 비이에 덩트헤
관광사무소	**L'office de tourisme** 로피쓰 드 뚜히즘
장애인전용	**L'accès handicapés** 락쎄 엉디꺄뻬
갤러리	**La galerie** 라 갈르히
박물관	**Le musée** 르 뮈제
-의 작품	**L'œuvre de...** 뢔브흐드 ...
콜렉션	**La collection** 라 꼴렉씨옹
전시회	**Une exposition** 윈 엑쓰뽀지씨옹
짐 보관소	**Une consigne** 윈 꽁씬느
소책자	**Une brochure** 윈 브호쉬흐
이어폰	**Un écouteur** 엔 에꾸뙈흐
카탈로그	**Un catalogue** 엥 꺄딸로그
영어안내책자	**Un guide en anglais** 엥 귀드 언엉글래
한글안내책자	**Un guide en coréen** 엥 귀드 엉꼬헤엉
교통	**Le transport** 르 트헝쓰뽀흐
지역 지도	**Une carte de la région** 윈 꺄흐뜨 드라헤지옹
관광 버스	**Le bus touristique** 르 뷔쓰 뚜히쓰띠끄
방문할 장소	**Les endroits à visiter** 레 정두후와 아비지떼
야간 관광	**Une visite nocturne** 윈 비지뜨 녹뛰흐느
보트 트립	**Une excursion en bateau** 윈 엑쓰뀌흐씨옹 엉바또
일일 소풍	**Une excursion d'une journée** 윈 엑쓰뀌흐씨옹 뒨 주흐네

프랑스가 궁금해

지금처럼 살거나 죽거나!
국립묘지 팡테옹(Panthéon)

팡테옹(Panthéon)은 파리의 카르티에 라탱 지역에 있다. 오르세 미술관에서도 멀지 않다. 파리의 런던 웨스트민스터 사원이라고나 할까! 그런데 다른 점은 왕국의 위인도, 왕도 묻혀 있지 않다.

팡테옹에 묻혀있는 사람들을 소개한다면, 관용의 수호자 볼테르(Voltaire), 평등의 아버지 루소(Rousseau), 빅토르 위고(Victor Hugo), 에밀 졸라(Emile Zola) 등이 지하 납골당에 안치되어 있다. 과학자 부부 마리 퀴리(Marie Curie)와 피에르 퀴리(Pierre Curie)도 라듐을 발견하여 여성최초로 팡테옹에 묻혔다. 건물 앞면에는 "조국이 위대한 사람들에게 감사하는 마음으로 바칩니다."(Aux Grands Hommes la Patrie Reconnaissante)라는 황금빛 문구가 있다. 또한, 공포정치와 목욕탕에서 암살당한 그림으로도 유명한 장폴 마라(Jean-Paul Marat)는 이 곳에 묻혔다가 사후 재평가로 이곳에서 퇴출이 되었다. 역사를 반복하지 않고 번복하는 프랑스인의 판단력이 드러나는 결정이다!

팡테옹 중심에 있는 조각상은 프랑스의 상징, 자유와 이성을 관장하는 마리안느인데 칼을 들었다. 인생에서 칼같이 맺고 끊을 것이 무엇인지를 생각해보게 한다. 조각상 밑에 '자유롭게 살거나 죽거나!'(Vivre libre ou mourir)라고 씌여 있다. 지금처럼 살거나 죽거나!

*요금은 성인 9€, 19세미만 무료, 뮤지엄패스 가능(www.paris-pantheon.fr)

할인 질문

Nuna

실례합니다. 제게 좀 알려주시겠어요?

Excusez-moi, vous pouvez me renseigner, s'il vous plaît?

엑쓰뀌제 무와 부 뿌배 므헝쌔니에 씰 부 쁠래

Étudiant

기꺼히요. 무엇을 알고 싶으신데요?

Avec plaisir. Qu'est-ce que vous voulez savoir?

아베끄 쁠래지흐 께쓰끄 부불래 싸부와흐

Nuna

제가 학교식당에서 점심을 먹고 싶은데요!

Je voudrais déjeuner au restaurant universitaire!

즈부드해 데줘내 오헤스토헝 위니베흐시떼흐

Étudiant

좋은 생각이에요!

Bonne idée!

본니데

Nuna

대학생을 위한 할인이 있나요?

Il y a une réduction pour les étudiants?

일리아 윈헤뒥씨옹 뿌흐 레 제뛰디엉

Étudiant

네, 당연하죠!

Oui, évidemment!

위 에비다멍

Nuna

학생 할인 가격은 얼마인가요?

Le tarif étudiant, c'est combien?

르 따히프 에뛰디엉 쎄 꽁비앙

Étudiant 3,25 유로입니다!

3,25euros!

투후와좨호 벵쌩끄

Nuna 비싸지 않은데요! 감사합니다!

Ce n'est pas cher! Merci!

쓰 네 빠 쉐흐 메흐씨

Étudiant 천만에요!

Je vous en prie!

즈 부 정 프히

---

pouvez 뿌배 할 수 있다.

me 므 나에게

renseigner 헝쌔니에 정보를 알려 주다

avec plaisir 아베끄 쁠래지흐 기꺼히

qu'est-ce que 께쓰끄 무엇을

le restaurant 르 헤쓰또헝 식당

universitaire 위니베흐씨때흐 대학의

une réduction 윈헤뒥씨옹 할인

le tarif étudiant 르따히프에뛰디엉 학생가격

cher 쉐흐 비싸다

trois euros vingt-cinq 투후와 좨호 벵쌩끄 3,25유로

생생 여행
Tip

• 베르사이유 궁전, 루이 14세의 1661년 혁명

베르사이유 궁전(Château de Versailles) 분수에 황금마차를 탄 아름답고 젊은 태양신 아폴로는 루이 14세(Louis XIV)이다. 원래 루이 13세(Louis XIII)의 사냥터였던 베르사이유(Versaille)는 태양왕 루이 14세의 영광을 과시하기 위해 본격적으로 건설된 성이다. 절대왕권의 상징이자 축제와 예술의 장소였던 이 곳 정원의 설계는 건축가이자 정원설계사인 르 노트르(André Le Nôtre)가 담당했고 그 시작이 1662년이었다. 베르사이유 궁전은 절대왕정의 상징, 왕을 의미하고 왕이 민중의 존재 의미이고 모든 걸 장악한다는 걸 미학적으로 보여준다. 이솝우화(Fables d'Ésope)와 오비디우스(Ovide)의 변신 이야기에 등장하는 동물과 신상들, 식물, 분수 등 정원의 모든 것이 태양왕의 권위를 상징하는 은유였다.

베르사이유 궁전의 거울의 방

유용한 회화 표현

🎧 7-4.mp3

Je voudrais deux entrées.	입장권 두 장을 부탁합니다.
Un adulte, s'il vous plaît!	성인 한 표요!
Deux adultes, s'il vous plaît!	성인 두 장이요!
Vous avez un billet familial?	가족용 티켓이 있으세요?
C'est combien?	얼마인가요?
Il y a une réduction pour les enfants?	아이들을 위한 할인이 있나요?
C'est gratuit pour les moins de 14 ans.	14세 미만 어린이는 무료입니다.
Il y a une réduction pour les étudiants?	대학생을 위한 할인이 있나요?
Vous avez une carte d'étudiant?	학생증이 있으십니까?
Il y a une réduction pour les personnes âgées?	노인을 위한 할인이 있나요?
Vous avez quel âge?	연세가 어떻게 되십니까?
C'est gratuit pour les plus de 65 ans.	65세 이상 성인은 무료입니다.
Vous avez une pièce d'identité?	신분증이 있으십니까?
Entrée gratuite sur réservation obligatoire	예약자에 한해서 무료 입장
Je cherche un souvenir de Paris.	파리 기념품을 찾고 있는데요.

어휘 플러스

자유 입장	**L'entrée libre** 렁트헤 리브흐
광장	**La place** 라쁠라쓰
다리	**Le pont** 르 뽕
공원	**Le parc** 르 빠흐끄
거리	**La rue** 라 휘
방향	**La direction** 라 디헥씨옹
인도	**Le trottoir** 르 트호뚜와흐
여기	**Ici** 잇씨
여기서 가까운	**Près d'ici** 프헤딧씨
여기서 먼	**Loin d'ici** 루엥딧씨
이 길 끝에	**Au bout de cette rue** 오 부드 쎄뜨휘
이 길 옆에	**À côté de cette rue** 아 꼬떼 드 쎄뜨휘
당신 앞에	**En face de vous** 엉 파쓰드부
이 거리 앞에	**Devant cette rue** 디벙 쎄뜨휘
이 거리 뒤에	**Derrière cette rue** 데히에흐 쎄뜨휘
쭉 가세요	**Avancez** 아벙쎄
올라가세요	**Montez** 몽떼
내려가세요	**Descendez** 데썽데
지나가세요	**Passez** 빠쎄
도세요	**Tournez** 뚜흐내
건너가세요	**Traversez** 뜨하베흐쌔

프랑스가 궁금해

국제학생증 ISIC

Crous Paris

가성비 최고 식사는 학생식당이다. CROUS는 프랑스 교육부 공공기관으로 학생들의 삶과 학업을 위한 모든 서비스를 제공하는 기관이다. 기숙사신청, 아르바이트 찾기, 교환학생 정보, 학생식당 등을 제공하고 도와준다. 공식 사이트는 www.crous-paris.fr이다.

©Jon ongkiehong / www.ciup.fr

1. 전국 165개 ISIC 발급 국제학생증 협약 제휴대학교를 www.isic.co.kr에서 확인하고 한국에서 여행 전에 발급받는다.
2. 국제학생증 제시로 학생식당에서 Restaurant Universitaire - Resto U에서 3.25유로에 전식, 본식, 후식을 모두 먹을 수 있다.
3. 일반인은 7€에 이용이 가능하다. 결제는 현금 가능하다. 프랑스 학생카드 결제시스템 IZLY로도 한다.
4. 몇몇 파리 학생식당 주소 (점심에만 여는 곳도 있다.)

   Censier 식당: 31, rue Goeffroy Saint-Hilaire, 75005
   5구역 지하철 M7 Censier Daubenton 점심 11:00-14:30

   Bullier 식당: 39, AV Georges-Bernanos, 75005
   5구역 RER B Port Royal 점심 11:30-14:00, 저녁 18:15-20:00

   Mabillon 식당: 3, rue Mabillon, 75006
   6구역 M10 Mabillon 점심 11:30-14:00, 18:00-20:00

Nuna

난 노트르담 대성당을 방문하고 싶어.

Je veux visiter la cathédrale de Notre-Dame.

즈뵈비지떼 라 까떼드할 드 노트흐담

Jean

우리 거기에 같이 가자.

On y va ensemble.

오니바 엉썽블

Nuna

그리고 그 다음은 오르세 미술관이야.

Et ensuite, le musée d'Orsay.

에 엉쑤위트 뮤제도흐쌔

Jean

안될꺼 없지?

Pourquoi pas?

뿌후꾸와빠

Nuna

퐁뇌프 다리도 가고 싶어.

Le Pont-Neuf aussi.

르 뽕뇌프 옷씨

Jean

너 알아? 퐁 뇌프의 연인들은 프랑스 영화다!

Tu sais? Les amants du pont-neuf est un film français!

뛰쌔 레자망 뒤 뽕뇌프 에떵 필므 프헝쌔

Nuna

응, 알지! 그리고 우리 룩셈부르그 공원에서 점심 먹자.

Oui, je sais! Et on déjeune au jardin du Luxembourg.

위 즈쌔 에 옹데죈느 오자흐뎅뒤뤽썽부흐

Jean 우리 피크닉 하자.

On fait un pique-nique.

옹패 엥삐끄니그

Nuna 우리 토요일에 베르사이유 궁전에 가자.

On va au château de Versailles samedi.

옹바 오샤또드베흐싸이으 쌈디

Jean 찬성이지.

Je suis d'accord.

즈쒸이 다꼬흐

---

on 옹 우리들, 사람들

y 이 거기에

va 바 간다

on y va 오니바 우리 거기에 가자

ensemble 엉썽블 함께, 같이

ensuite 엉쓰위트 그리고 나서

les amants 레자멍 연인들

pourquoi pas 푸후꾸와빠 안될 것 없지

je sais 즈쌔 나는 안다

on fait 옹패 우리는 한다

생생 여행 *Tip*

• 예술의 나라, 프랑스

L'art, 예술의 나라, 프랑스 제1의 예술부터 제9의 예술까지. 또한, 예술 각 분야의 탄생과 인정시기 연대순으로 번호를 매겨 말한다.

숫자 + 철자 ième = ~번째
Louis quatorze 루이 까또즈는 루이 14세, quatorzième은 열네 번째

Le premier art, Le théâtre	첫 번째 예술, 연극
Le deuxième art, La peinture	두 번째 예술, 회화
Le troisième art, La danse	세 번째 예술, 무용
Le quatrième art, L'architecture	네 번째 예술, 건축
Le cinquième art, La littérature	다섯 번째 예술, 문학
Le sixième art, La musique	여섯 번째 예술, 음악
Le septième art, Le film	일곱 번째 예술, 영화
Le huitième art, La photo	여덟 번째 예술, 사진
Le neuvième art, La BD	아홉 번째 예술, 만화

Les applaudissements ne se mangent pas – Maguy Marin
박수만으로는 살 수 없어. – 마기 마랭 (프랑스 현대무용의 거장 안무가)

유용한 회화 표현

7-6.mp3

Excusez-moi !	실례합니다.
Vous pouvez m'aider?	저 좀 도와주시겠어요?
Pour aller au musée du Louvre?	루브르 박물관에 가려면?
Pour aller au centre Georges Pompidou?	조르쥬 퐁피두 센터에 가려면?
Pour aller à la gare Montparnasse?	몽파르나스역에 가려면?
Pour aller à la Tour Eiffel?	에펠탑에 가려면?
Pour aller aux galeries Lafayette?	갤러리 라파예트 백화점에 가려면?
Pour aller à l'aéroport Roissy Charles de Gaulle?	루아시 샤를드골 공항에 가려면?
Pour aller aux toilettes?	화장실에 가려면?
Pour aller aux urgences?	응급센터에 가려면?
Je peux y aller à pied?	거기에 걸어서 갈 수 있나요?
C'est à dix minutes à pied.	걸어서 10분 거리입니다.
Il faut prendre un bus?	버스를 타야 될까요?
C'est indiqué sur la carte.	지도에 표시되어 있어요.
C'est par là.	저 쪽이에요.

어휘 플러스

대성당	**La cathédrale** 라 꺄떼드할
박물관	**Le musée** 르 뮈제
다리	**Le pont** 르 뽕
갤러리	**La galerie d'art** 라 갈르히다흐
교회	**L'église** 레글리즈
도서관	**La bibliothèque** 라 비블리오떼끄
정원	**Le jardin** 르 쟈흐뎅
유적지	**Le monument** 르 모뉘멍
마을	**Le village** 르 빌라즈
시청	**La mairie** 라 매이히
성	**Le château** 르 샤또
포도밭	**Le vignoble** 르 비뇨블
항구	**Le port** 르 뽀흐
등대	**Le phare** 르 파흐
산	**La montagne** 라 몽따니으
폭포	**La cascade** 라 꺄쓰꺄드
호수	**Le lac** 르 락
해안	**La côte** 라 꼬뜨
해수욕장	**La plage** 라 쁠라즈
바다	**La mer** 라 매흐
이쪽	**Par ici** 빠흐 잇씨
저쪽	**Par là** 빠흐 라

프랑스가 궁금해

파리 필수 관광명소

1. 샹젤리제(Champs-Élysées), 권력의 대로
샹젤리제는 엘리제의 들판, 그리스신화에 나오는 낙원이라는 의미로 명명했다. 대통령궁으로 사용되는 엘리제궁전(Le Palais de l'Elysée).

2. 몽마르트(Montmartre) 언덕: 예술가들의 언덕
파리에서 가장 높은 해발고도 129m, 순교자의 언덕(Mont des Martyrs)에서 유래했다. 특히, 19세기 가난한 예술가들이 즐겨 찾은 에디뜨 피아프(Édith Piaf)가 노래하던 라팽 아질(Lapin Agile: 민첩한 토끼라는 뜻)이라는 선술집이 있다.

3. 샤틀레 레알(Châtelet - Les Halles) 지구: 젊은이들의 광장
조르주 퐁피두 센터(Centre Georges Pompidou)가 있고 젊은이들이 모인다. 센터안에 MNAM국립현대미술관, 칸딘스키 도서관, BPI공공정보도서관, IRCAM현대음악음향연구소 등이 있다. 포럼 데 알(Forum des Halles)은 종합쇼핑센터.

4. 마레(marais district) 지구: 유서깊은 동네
귀족의 삶을 느낄 수 있는 무료 시립 카르나발레 박물관(Musée Carnavalet)가 있고, 피카소 박물관(Musée Picasso), 빅토르 위고의 생가가 있는 보쥬광장(Place des Vosges)은 파리에서 가장 아름다운 광장이다.

5. 생 제르맹 데 프레(Saint-Germain-des- Prés): 지성인의 장소
계약결혼으로 유명한 사르트르와 보부아르가 사랑했던 카페 드 플로르(Café de Flore)와 영화감독 장뤽 고다르와 프랑수아 트뤼포의 거리다. 지성인의 거리다.

Nuna

나는 프렌치 리비에라 해변에 가고 싶어.

Je veux aller à la plage French Riviera.

즈뵈 알레 알라쁠라쥬 프렌치 리비에라

Sa copine

우리 거기 같이 갈까?

On y va ensemble?

오니바 엉썽블

Nuna

좋은 생각이다! 나는 수영하는 거 너무 좋아.

Bonne idée! J'adore nager.

본니데 쟈도흐 나제

Sa copine

그래, 우리 수영하자.

Oui, on va se baigner.

위 옹바 스배니에

Nuna

결국, 우리 여기 왔네!

Enfin, On est ici!

엉팽 온에띠씨

Sa copine

너 알아? 피카소가 여기 살았어.

Tu sais? Picasso a habité ici.

뛰쌔 삐꺄쏘 아 아비떼 잇씨

Nuna

앙티브에 피카소 박물관이 있는 건 알고 있어.

Je sais qu'il y a le musée Picasso à Antibes.

즈쌔 낄리아 르뮤제 삐꺄소 아엉티브

Sa copine 거기 꼭 가야만 해!

Il faut y aller!

일포 이 알레

Nuna 대박이다.

C'est génial.

쎄 제니알

---

veux 뵈 원하다
nager 나제 수영하다
se baigner 스배니에 수영하다, 멱을 감다
à la plage 알라쁠라쥬 해변에서
y 이 거기에
beaucoup 보꾸 많이
tu sais 뛰 쌔 너는 안다
je sais 즈 쌔 나는 안다
il faut 일 포 ~해야만 한다
génial 제니알 천재적이다, 대박이다

생생 여행
Tip

• 벼룩시장

벼룩시장(Marché aux puces)

'골동품에 벼룩이 많아서'라고 기억하자. 몽트뢰유 벼룩시장(Marché aux Puces de Montreuil), 방브 벼룩시장(Marché aux Puces de Vanves), 생투앙 벼룩시장(Marché aux Puces de Saint-Ouen)이 유명하다. 소매치기를 조심해 가방을 아기안 듯 앞으로 껴안고, 앤티크 용품을 찾다 보면 득템을 할 수 있다. 2차대전 때 용사가 사랑하는 가족에게 보낸 피묻은 편지도 책들과 함께 나올 때가 있는데, 별일 없이 사는것도 의미로운 삶이다!

시장(Marché)

무지개색의 채소와 과일, 슈퍼마켓에서는 살 수 없는 제철 음식, 해산물은 무프타르(Mouffetard) 시장이 좋다. 치즈까지 모두 유기농인 식품 시장은 라스파유 유기농 시장(Marché Biologique Raspail)이다.

파사주(Passage)

19세기의 거리로 시간 여행을 온 듯한 기분을 느낄 수 있다. 둥근 아름다운 유리천장, 우아한 부티크, 신진 아티스트들의 작품이 많이 전시되어 있다. 갤러리 베로 도다(Galerie Véro-Dodat), 파사쥬 뒤 그랑세르(Passage du Grand Cerf), 갤러리 비비안느(Galerie vivienne)가 유명하다.

유용한 회화 표현

7-8.mp3

Où peut-on faire une randonnée?	어디서 등산을 할 수 있나요?
Où peut-on nager ?	어디서 수영할 할 수 있나요?
Où peut-on pêcher?	어디서 낚시할 수 있어요?
Où peut-on faire de l'équitation?	어디서 승마를 할 수 있어요?
Il y a des balades en bateau?	배로 하는 투어가 있나요?
D'où part le bateau?	배는 어디서 출발하나요?
D'où part la croisière?	유람선은 어디서 출발하나요?
À quelle heure part le prochain bateau?	몇시에 다음배가 출발하나요?
C'est possible de nager ici?	여기서 수영하는 것 가능한가요?
C'est possible de faire du surf ici?	여기서 서핑 하는 것 가능한가요?
Vous pouvez me prendre en photo?	제 사진을 찍어주실 수 있으세요?
Appuyez sur ce bouton.	이 버튼을 누르세요.
Je peux prendre une photo ici?	여기서 사진을 찍어도 되나요?
Je peux prendre une photo avec vous?	당신과 같이 사진 찍을 수 있을까요?
On peut prendre une photo ensemble?	우리 함께 사진을 찍을 수 있을까요?

어휘 플러스

세느강유람선	**Les bateaux mouches** 레 바또 무슈
유람선	**La croisière** 라 크후와지에흐
강 유람선	**La balade en rivière** 라 발라드 엉 히비에흐
구명조끼	**Le gilet de sauvetage** 르 질레 드 쏘브따즈
구조용 부표	**La bouée de sauvetage** 라 부에 드 쏘브따즈
구조대원	**Le sauveteur** 르 쏘브뙈흐
빌리다	**louer** 루에
제트스키	**un jet ski** 엥 젯스키
파라솔	**un parasol** 엥 빠하쏠
서핑보드	**une planche de surf** 윈 쁠랑슈 드 쒸흐프
비치 타올	**La serviette de plage** 라 쎄흐비에뜨 드 쁠라즈
선글라스	**Les lunettes de soleil** 레 뤼네뜨 드 쏠레이으
수영복	**Le maillot de bain** 르 마이오 드 뱅
썬 크림	**La crème solaire** 라 크헴 쏠래흐
비키니	**Le bikini** 르 비키니
수영	**La natation** 라 나따씨옹
잠수	**La plongée** 라 쁠롱제
수상스키	**Le ski nautique** 르 스키 노티끄
물놀이금지	**La baignade interdite** 라 베냐드 엥떼흐디뜨
해변폐쇄	**La plage fermée** 라 쁠라즈 페흐메
위험합니다.	**C'est dangereux.** 쎄 덩좨흐
도와주세요!	**Au secours!** 오 쑤꾸흐

프랑스 여자들은 살찌지 않는다?

미레이 쥐리아노가 쓴 〈프랑스 여자는 살찌지 않는다〉 이 책은 한국에서도 베스트셀러가 되었다. 그녀는 루이비통 계열사의 전 CEO였다. 물론 헬스 등을 받을 수 있는 경제적 여건이지만, 그래도 일년에 300일을 외식하는 삶이었다. 프랑스는 여자, 남자 관계없이

1. 음식을 적게 먹는다. 1+1, 곱빼기라고 쓰여 있는 식당은 없다.
   아침은 거지처럼, 점심은 평민처럼, 저녁은 황제처럼
   샐러드도 함께!
2. 식사를 분위기라고 생각한다. 배를 채우려고 먹는 걸 싫어한다.
3. 식사시간이 긴 이유? 음식도 서빙도 살인적으로 느리다. 어쩔 수 없다.
4. 자연식에 대한 관심이 높다. 정원에서 토마토를, 방에서 허브를 길러 먹는다.
5. 먹고 남은 음식을 미국처럼 테이크아웃을 하는 문화가 아니다.
6. 1.5리터 물병을 들고 마시며 많이 걷는다. 산책이 국민 스포츠다.
7. 유치원 보낼 때부터 자녀의 알레르기, 식습관 등 서류를 논문처럼 작성한다.
8. 생활체육을 어릴 때부터 받아 수영, 테니스, 조깅 등 뭐든 한가지씩 한다.
9. 안하는 척하면서 엄청 관리한다. 여대생들 점심에 샐러드, 사과 한개 먹는다.
10. 건강 관련 식품법과 처벌이 엄중하다.

프랑스는 사회민주주의 국가다. 국가가 간섭해 국민의 생존권을 보장한다. 돈 많은 사람에게는 엄청난 세금을 부과해 없는 사람을 보호한다. 먹는 광고에도 '달고 짜게 기름지게 먹지 말아라. 움직여라!' 또는 하루에 '5개의 과일과 야채를 먹으라'고 문구를 넣도록 법으로 규정했다. 하루에 사과, 바나나, 오렌지, 복숭아, 자두 이렇게 먹다 보면 치킨 생각이 덜 난다!

8
여가

스포츠

공연, 극장

박물관

선물, 교환

Nuna 스포츠 하는 것 좋아하세요?

Vous aimez faire du sport?

부재매 패흐뒤쓰뽀흐

Julien 당연하죠, 저는 스포츠를 너무 좋아합니다.

Bien sûr, j'adore le sport.

비앙쒸흐 쟈도흐 르 쓰뽀흐

Nuna 어떤 스포츠를 좋아하세요?

Quels sont vos sports préférés?

껠쏭 보스뽀흐 프헤페헤

Julien 저는 축구와 테니스를 좋아합니다.

J'aime le football et le tennis.

잼 르풋볼 에 르떼니스

Nuna 저도요!

Moi aussi!

무와옷씨

Julien 지네딘 지단은 제 영웅입니다.

Zinédine Zidane est mon héros.

지네딘 지단 에 몬 에호

Nuna 당신이 옳아요. 그는 천재적이에요!

Vous avez raison. Il est génial.

부자배 헤종 일레제니알

Julien 그리고 저는 TV에서 롤랑 가로스를 보는 것을 아주 좋아합니다.

Et puis, j'adore regarder le Roland-Garros à la télé.

에쁘이 쟈도호 허갸흐데 르홀랑-갸호쓰 알라뗄레

Nuna 저는 투르 드 프랑스 자전거일주도 보거든요!

Je regarde aussi le Tour de France!

즈허갸흐드 옷씨 르뚜흐드프헝쓰

Julien 토요일에 우리 같이 테니스를 칩시다!

Samedi, on joue au tennis ensemble!

쌈디 옹 주 오떼니스 엉썽블

---

faire 페흐 하다

moi aussi 무와옷씨 저도

préféré 프헤페헤 선호하는

le héros 르 에호 영웅

avez 아배 가지다

la raison 라 헤종 이성

génial 제니알 천재적인

et puis 에쁘이 그리고

à la télé 알 라 뗄레 텔레비전에서

le tour 르 뚜흐 일주

생생 여행 *Tip*

• 영웅, 관객, 독일과 프랑스 축구팀의 우정

2015년 11월 13일, 프랑스 독일 양국 국가대표팀 친선 축구경기가 스타드 드 프랑스(Stade de France) 국립경기장에서 열렸다. 스타드 드 프랑스는 프랑스 파리 북쪽 교외 생드니(Saint Denis)에 위치해 있어 생드니 국립 경기장으로도 불린다. 그 날 테러범은 생드니 경기장에 관람차 왔던 프랑수아 올랑드 프랑스 대통령, 정부 요직 인물, 주요 선수와 팬들까지도 노렸던 것으로 알려져 있다. 폭탄범은 자살폭탄 조끼를 입고 들어오려다 경비대의 저지를 받고 그 자리에서 자폭했고 그 와중에 사망자가 세 명 발생했다.

철저한 수색 덕분에 테러범의 진입을 막은 Salim Toorabally(경비대 소속)는 영웅이 되었다. 놀라운 점은 생드니는 8만 명을 수용하는 경기장으로 수많은 관중으로 꽉 차여 있었는데, 관객들은 이미 자신의 스마트폰으로 트위터, 페이스북 등으로 경기장의 위험을 알고 있었지만 질서를 지켜 압사나 더 큰 대형사고로부터 스스로를 지켰다. 독일축구팀의 호텔에도 테러위험이 있다는 정보가 입수되자 당일 프랑스 축구팀은 숙소로 돌아가지 않고 독일축구팀과 함께 밤을 샜다. 슬픈 밤이었지만 모두가 하나 된 밤이었다!

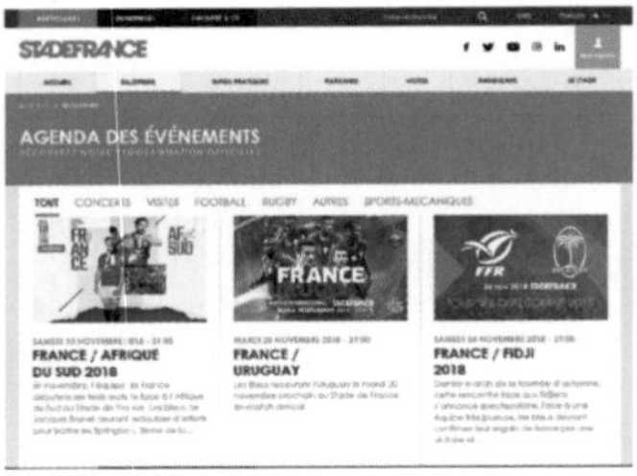

www.stadefrance.com/fr
축구, 콘서트 등 예매 가능

유용한 회화 표현

8-2.mp3

Il y a une salle de gymnastique?	체육관이 있습니까?
C'est gratuit pour les résidents?	거주자는 무료이용인가요?
Il faut porter des chaussures de sport?	스포츠화가 의무착용인가요?
Il faut suivre une session de présentation?	입문 프로그램을 수강해야 합니까?
Vous proposez des cours d'aérobic?	에어로빅 수업이 있습니까?
Vous proposez des cours de pilates?	필라테스 수업이 있어요?
Vous proposez des cours de yoga?	요가 수업이 있어요?
Vous donnez des cours de ski?	스키 수업이 있나요
Je voudrais louer des skis.	스키를 대여하고 싶은데요.
Vous êtes débutant?	초보자십니까?
Je dois prendre une caution.	보증금을 받아야 합니다.
Je voudrais louer des chaussures de ski.	스키화를 대여하고 싶은데요.
Je voudrais louer une planche de snowboard.	스노우보드를 대여하고 싶습니다.
Je voudrais louer un casque.	헬멧을 대여하고 싶습니다.
Où sont les pistes vertes?	초보자용 스키트랙은 어디에 있나요?

어휘 플러스

페탕크	La pétanque 라 뻬떵끄
산악자전거	Le VTT (Vélo tout terrain) 르 베떼떼
축구	Le football 르 풋볼
축구공	Le ballon de football 르 발롱드풋볼
1부 축구리그	La ligue un 라 리그엥
월드컵	La coupe du monde 라 꾸쁘뒤몽드
농구	Le basket 르 바쓰껫
야구	Le baseball 르 바즈볼
테니스	Le tennis 르 떼니쓰
시합	La partie 라 빠흐띠
테니스라켓	La raquette de tennis 라 하께뜨 드 떼니쓰
테니스 공	Les balles de tennis 레 발 드 떼니쓰
골프채	Le club de golf 르 끌럽 드 골프
골프 공	La balle de golf 라 발 드 골프
의자식 리프트	Le télésiège 르 뗄레씨에즈
케이블카	La téléphérique 라 뗄레페히끄
피겨스케이팅	Le patinage artistique 르 빠띠나즈 아흐띠쓰띠끄
스포츠 센터	Le complexe sportif 르 꽁쁠랙쓰 쓰뽀흐티프
올림픽	Le jeux olympique 르 죄 올랭삐끄
르망24시 자동차 경주	24 heures du Mans 뱅꺄트회흐뒤멍
롤랑가로스(프랑스오픈)	Le Roland-Garros 르 홀랑-갸호쓰
투르드프랑스(자전거일주)	Le tour de France 르 뚜흐 드 프헝쓰

프랑스가 궁금해

프랑스 남자가 보는 한국여자

프랑스인들은 더 이상 사랑하지 않을 자유를 서로에게 존중해 주는 편이다.

1. 프랑스 남자는 썸타는 기간, 탐색기간을 잘 이해 못한다. 프랑스에서는 스트레이트, 바로 고백하고 키스하고 사귀는 경우가 많다.
2. 한국여자는 남자친구가 "여자 사람 친구"를 만나기를 원치 않는다. 프랑스 사람들은 연인의 남자사람, 여자사람 친구를 인정한다.
3. 한국여자는 모든 걸 같이 하려 하고 의지한다. 커플티, 커플 악세서리를 하려고 한다.
4. 한국여자는 연락이 연애라고 생각한다. 밥 먹었냐고 시간까지 하루 일과를 체크한다.
5. 24시간 관심을 요구한다. 한국 남자가 연인의 핸드백을 들어주는 게 이상하다.
6. 한국여자에게는 선의의 거짓말을 많이 해야 한다. 여자친구 옷이 예쁘다. 여자친구 도시락이 맛있다라고 해야 한다.

7. 싸우면 한국여자는 안 괜찮은 이유를 바로 말하지 않는다. 프랑스 여자는 화가 나고 싫은 이유를 바로 이야기하고 소통한다. 그런 후 한국여자는 카카오톡 사진삭제와 프로필을 내리거나 바꾼다.
8. 한국은 연인들이 호텔이나 모텔을 간다. 프랑스에서는 부모님께 소개하고 집으로 초대한다.
9. 프랑스는 처음 만난 날, 함께 자고 연인이 될 수 있다.
10. 헤어질 때, 잠수타거나 카톡으로 헤어지는 것, 관계 "삭제와 차단"을 프랑스 남자는 하지 않는다. 한때 사랑했던 사람에 대한 예의를 지킨다.

프랑스는 혼전 동거없이 결혼하는 경우는 10%가 안된다. 국제연애와 결혼은 그들만의 세상을 알아야 한다. 특히 유학하는 한국여자는 지식과 능력면에서 남자와 대등하고 독립적이지 않으면, 유학의 노력과 눈물의 공든 탑이 와르르 무너진다는데 저자의 통장을 건다!

Nuna

바스티유 오페라에 파우스트를 보러 가려구요.

Je vais aller voir Faust à l'Opéra Bastille.

즈배 알래 부와흐 포스트 아로뻬하 바쓰티이으

Julien

멋지네요! 언제요?

Super! Quand?

쒸뻬흐 껑

Nuna

오늘 저녁이요! 시간이 되세요?

Ce soir! Vous êtes libre?

쓰수와흐 부재뜨 리브흐

Julien

몇시인데요?

C'est à quelle heure ?

쎄따 껠래흐

Nuna

7시반이요.

Sept heures et demie.

쎄때흐 에드미

Julien

그러면 오페라 앞에서 7시에 약속이요.

Alors, rendez-vous à sept heures devant l'Opéra.

알로흐 헝데부 아쎄때흐 드벙 로뻬하

Nuna

알았어요. 오늘 저녁에 만나요!

D'accord. A ce soir!

다꼬흐 아 쓰 수와흐

Julien

(…) 미안해요! 제가 늦었네요!

(...) Désolé! Je suis en retard!

데졸레 즈쒸이 엉허타흐

Nuna

괜찮아요!

Ça va!

싸바

Julien

그렇지만 오페라 어플로 이미 티켓 2장을 샀어요.

Mais j'ai déjà acheté deux billets avec l'application Opéra!

매 재 데쟈 아슈떼 되 비에 아베끄 랍쁠리까씨옹 오뻬하

---

je vais 즈배 나는 간다

je vais + verbe 즈배 나는 간다+동사 = 나는 ~할 것이다. (근접미래)

quand 껑 ~할 때

libre 리브흐 시간이 되는, 자유로운

rendez-vous 헝데부 약속

en retard 엉허따흐 지각인

désolé 데졸레 미안해(요)

déjà 데자 이미

acheté 아슈떼 샀다

l'application 랍쁠리까시옹 어플, 앱

• 공연, 스펙타클(Spectacle)을 보며 삶을 견디자!

1964년 앙드레 말로(프랑스 문화부 초대 장관)는 많은이들의 반대에도 불구하고, 국립오페라 극장의 천장화를 프랑스가 아닌 러시아 출신 마르크 샤갈(Marc Chagall, 1887~1985)에게 의뢰했다. 오페라 가르니에(Palais Garnier)는 파리 '오페라의 거리' 북쪽 끝에 위치한 국립 오페라 극장이다. 신바로크 양식하에 샤를 가르니에(Jean-Louis Charles Garnier)에 의해 설계되었고 1 4년 동안 지어 졌다. 샤갈은 560m² 면적의 원형 천장을 푸른색, 붉은색, 노란색 등 색깔별로 구역을 나누고 14명의 작곡가와 이들이 작곡한 발레, 오페라를 그렸다. 바그너, 드뷔시, 스트라빈스키, 차이콥스키 등 오페라와 발레음악의 위대한 작곡가들에 대한 존경심과 사랑을 언어로 표현할 수 없는 환상적인 색채로 표현하며 담았다. 훌륭한 예술가이고 무엇보다 그는 겸손하다.

J'ai souhaité être parmi et avec ceux d'aujour'hui
à offrir à Garnier un Hommage qui resterait chez lui.
– Marc Chagall.

OPÉRA NATIONAL DE PARIS

저는 오페라 '가르니에'에 경의와 존경을 바치는, 오늘의 그들과 함께 그리고 그들중의 한 사람이 되기를 원했습니다.
– 마르크 샤갈

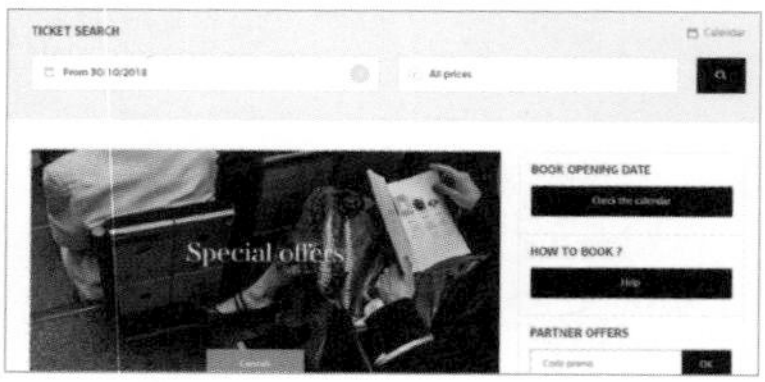

* www.operadeparis.fr사이트에 들어가면 '첫번째 오페라', '마흔 전에는 사십퍼센트 할인' '오페라를 선물하는 오페라박스' 등의 내용이 영어로도 설명되어 있다.

유용한 회화 표현

8-4.mp3

J'aime le cinéma.	저는 영화를 좋아합니다.
J'aime les films d'action.	저는 액션영화를 좋아합니다.
Je préfère danser.	저는 춤추는 걸 더 좋아해요.
Je préfère sortir en boîte.	저는 나이트클럽이 더 좋아요.
Je préfère sortir avec des amis.	친구들과 나가서 노는 게 더 좋아요.
Je n'aime pas ça.	저는 이것을 좋아하지 않습니다.
J'aime le théâtre	저는 연극을 좋아해요.
Je préfère lire.	저는 읽는 걸 더 좋아해요.
J'aime l'opéra	저는 오페라를 좋아해요.
Je voudrais deux billets, s'il vous plaît!	표 두 장 주세요.
Je voudrais des places devant.	앞 좌석들로 주세요.
Je voudrais des places au milieu.	중간의 좌석들로 주세요.
Je voudrais des places au balcon.	발코니 좌석으로 주세요.
Veuillez éteindre votre portable.	핸드폰을 꺼주시기 바랍니다.
Veuillez retourner à vos places.	여러분의 좌석에 착석해주십시오.

어휘 플러스

연극	Le théâtre 르 떼아트흐
회화	La peinture 라 뼁뛰흐
무용	La danse 라 덩쓰
건축	L'architecte 라흐쉬떽뜨
문학	La littérature 라 리떼하뛰흐
음악	La musique 라 뮈쥐끄
영화	Le cinéma 르 씨네마
사진	La photographie 라 포토그하피
만화	La bande dessinée 라 벙드 데씨네
시인	Le poète 르 뽀에뜨
발레	Le ballet 르 발래
문인	L'écrivain 레크히뱅
안무가	Le scénographe 르 쎄노그하프
연출가	Le metteur en scène 르 메뙈흐 엉쎈
무용수(남/여)	Le danseur, La danseuse 르 덩쐐흐, 라 떵쐐외즈
음악가(남/여)	Le musicien, La musicienne 르 뮈지씨엉, 라 뮈지씨엔느
가수(여가수)	Le chanteur, La chanteuse 르 셩떄흐, 라 셩떄외즈
배우(여배우)	L'acteur, L'actrice 락뙈흐, 락트히쓰
배우(여배우)	Le comédien, La comédienne 르 꼬메디엉, 라 꼬메디엔느
만화가(남/여)	Le dessinateur, La dessinatrice 르 데씨나떄흐,라 데씨나트히쓰
카지노	Le casino 르 꺄지노
나이트클럽	La boîte de nuit 라 브와뜨드뉘이

프랑스가 궁금해

파리의 아름다운 지하철역 TOP 10

1. Arts et Métiers
   11번, 내부벽면이 청동, 쥘베른의 해저 2만리 잠수함을 탄 듯한 느낌이다.
2. Louvre-Rivoli
   1번, 지하철역은 그 자체로 작은 박물관이다. 은은한 조명이 예술적이다.
3. Concorde
   1,8,12번, 하얀 세라믹 조각마다 파란 알파벳이 새겨져 있다. 멀리서 읽으면 인권선언문 La Déclaration des droits de l'homme et du citoyen de1789
4. Cité
   4번, 끊없는 계단에 현기증에 취해서 내려오면 가로등이 지하철안에 있다. 데이트하기에는 최적의 장소다.
5. Tuileries
   1번, 샤넬 향수 출시 등 20세기 역사가 벽면에 장식이 있다.
6. Cluny-La Sorbonne
   10번 천장에 Jean Bazaine의 작품 Les oixeaux, The birds 엄청난 새 두마리 모자이크 장식과 라탱지역의 시인 랭보, 문인 상드, 철학자, 예술가, 과학자, 정치가등의 서명이 새겨져 있다.
7. Gare de Lyon
   14번, 파리에서 가장 현대적인 지하철역, 지하철역 내부에 실내정원이 있다.
8. Franklin D. Roosevelt
   1번, 가장 환상적인 조명시설과 문화프로그램 전광판이 있다.
9. Saint-Lazare
   3,12,13,14번, 퀘벡 아티스트 Geneviève Cadieux의 작품인 붉은 입술이 보이는데 작품명은 은하수 La voix lactée(milky way)다.
10. Bastille
    1번, 지상 지하철역, 프랑스 혁명당시 바스티유 감옥 함락과정이 벽화에 있다.

Nuna

안녕하세요, 티켓 한장 주세요.

Bonjour, je voudrais un billet, s'il vous plaît!

봉주호 즈 부드해 엥비에 씰부쁠래

Caissier

15유로입니다!

15euros, s'il vous plaît!

깽좨호 씰부쁠래

Nuna

사실은, 제가 시간이 많이 없어서요.

En fait, je n'ai pas beaucoup de temps.

엉패트 즈내빠 보꾸드떵

Caissier

가장 흥미로운 작품들 관람 지도가 있습니다!

Il y a un plan avec les œuvres les plus intéressantes!

일리아 엥쁠렁 아베끄 레제봬흐 레 쁠뤼 젱떼헤썽트

Caissier

《반드시 보아야 할 작품들》이라고 해요.

Il s'appelle《Les incontournables》.

일싸뻴 레 젱꽁뚜흐나블

Nuna

완벽합니다. 너무 감사합니다.

C'est parfait. Merci beaucoup.

쎄빠흐패 메흐씨 보꾸

Caissier

도와드려야죠. 마드무와젤, 좋은 관람 되세요!

À votre service Mademoiselle, Bonne visite!

아보트흐쎄흐비쓰 마드무와젤 본 비지트

Nuna 감사합니다. 제게는 세계에서 가장 아름다운 박물관이에요.

Merci! Pour moi, c'est le plus beau musée du monde!

메흐씨 푸흐무와 쎄 르쁠뤼 보뮤제 뒤 몽드

Caissier 좋은 하루 되시기를! 안녕히 가세요!

Bonne journée à vous! Au revoir!

본주흐네 아부 오흐부와흐

Nuna 안녕히 계세요!

Au revoir!

오흐부와흐

---

en fait 엉패트 사실은

les œuvres 레죄브흐 작품들

les plus intéressantes 레 쁠뤼젱떼헤썽트 가장 흥미로운 것들

incontournable 엥꽁투흐나블 불가피한

le plus beau 르 쁠뤼보 가장 아름다운

musée 뮤제 박물관

journée 주흐네 하루

voir 부와흐 보다

revoir 허부와흐 다시 보다

au revoir 오흐부와흐 안녕히 계세요

• 루브르 박물관(Musée du Louvre)의 도난 마케팅

모나리자(Mona Lisa)가 왜 그렇게 유명할까? 모나리자는 직접 보면 그림도 무척 작다. 물론 위대한 천재 예술가 레오나르도 다빈치의 작품이기도 하지만 말년을 프랑스에서 보냈던 그의 다른 작품들도 프랑스에 많다. 1911년 8월 21일 모나리자 보호 액자의 유리공으로 보수에 참여한 이탈리아인 빈첸조 페루자가 손에 들고 나가 아주 손쉽게 그림을 훔쳤다. 돈이 궁해진 그가 이탈리아 골동품상 알프레도 게리와 접촉하였지만 바로 미술관장과 경찰을 데려오면서 2년만에 덜미가 잡혔다. 도난 수사 과정에 파블로 피카소, 기욤 아폴리네르 등 유명한 예술가들도 용의선상에 올라 취조를 받았지만 증거 불충분으로 풀려 났다.

루브르 미술관은 이 도난사건을 마케팅으로 활용하기도 하였는데, 그림이 귀환하는 과정에서 모나리자는 전 세계에서 수많은 메스컴과 관람객을 주목하게 만들었다. 1919년 마르쉘 뒤샹이 모나리자의 얼굴에 콧수염을 그린 패러디 작품을 선보인건 우연이 아니다.

유용한 회화 표현

8-6.mp3

J'aime l'art.	저는 예술을 사랑합니다.
J'adore la peinture	저는 회화를 좋아합니다.
J'adore le tableau de Leonardo de Vinci.	레오나르도 다빈치의 그림을 좋아해요.
Où est la Joconde?	모나리자는 어디에 있습니까?
Je voudrais regarder la Joconde.	저는 모나리자를 보고 싶습니다.
J'adore la sculpture.	저는 조각을 좋아합니다.
C'est une œuvre de Rodin?	로댕의 작품인가요?
C'est le penseur de Rodin.	로댕의 '생각하는 사람' 입니다.
Moi, j'adore Van Gogh.	저는요, 반고호를 좋아합니다.
Il y a la biennale Paris.	파리 비엔날레가 있어요.
Qui a peint ça?	이건 누가 그렸나요?
De quand date-t-il?	작품 년도는요?
Je suis perdu.	제가 길을 잃었어요.
Je fais partie d'un groupe coréen.	저는 한국인 그룹에 속해 있습니다.
J'ai perdu mon groupe.	제가 제 그룹을 잃어버렸습니다.

어휘 플러스

고대미술	L'art antique	라흐 엉띠끄
중세미술	L'art du moyen âge	라흐 뒤 무와이언-나즈
비잔틴미술	L'art byzantin	라흐 비정뗑
로마네스크	L'art romanesque	라흐 호마네쓰끄
고딕미술	L'art gothique	라흐 고띠끄
르네상스미술	L'art de la renaissance	라흐 드라허네썽쓰
바로크미술	L'art baroque	라흐 바호끄
로코코미술	L'art rococo	라흐 호꼬꼬
근대미술	L'art moderne	라흐 모데흔느
신고전주의	Le néo-classicisme	르네오 끌라씨즘
낭만주의	Le romantisme	르 호멍띠즘
사실주의	Le réalisme	르 헤알리즘
인상주의	L'impressionnisme	랭프헤씨오니즘
현대미술	L'art contemporain	라흐 꽁떵뽀행
야수파	Le fauvisme	르 포비즘
입체파	Le cubisme	르 뀌비즘
추상미술	L'art abstrait	라흐 압쓰트해
표현주의	L'expressionnisme	렉쓰프헤씨오니즘
미래파	Le futurisme	르 퓨뛰히즘
다다이즘	Le dadaïsme	르 다다이즘
추상표현주의	L'expressionnisme abstrait	렉쓰프헤씨오니즘 압쓰트헤
모노크롬	Le monochrome	르 모노크홈
비정형미술	L'art informel	라흐 엥포흐멜
아웃사이더아트	L'art brut	라흐 브휘뜨
팝 아트	Le pop art	르 뽑 아흐뜨
누보레알리즘	Le nouveau réalisme	르 누보 헤알리즘
키네틱아트	L'art kinétique	라흐 키네띠끄
신 조형주의	Le néoplasticisme	르 네오쁠라쓰띠씨즘
옵아트	L'art optique	라흐 옵띠끄
미니멀리즘	Le minimalisme	르 미니말리즘
개념미술	L'art conceptuel	라흐 꽁셉뛰엘

프랑스가 궁금해

프랑스 3대 미술관과 예술의 흐름

루브르 박물관(Musée du Louvre): 고대부터 19세기까지 작품을 전시한다.

오르세 미술관(Musée d'Orsay): 1848년부터 1914년 작품을 전시한다.

조르주 퐁피두 센터(Le Centre Pompidou): 1914년 이후 현대미술 작품을 전시한다.

매월 첫째주 일요일에 무료 입장으로 운영하고 있다. 프랑스의 미술관은 밤이 아름답다. 루브르 박물관은 수/금요일, 오르세 미술관는 목요일에 야간관람이 가능하다. 파리 뮤지엄 패스를 구매하면 60개의 박물관과 미술관을 자유롭게 관람할 수 있으며, 한국에서도 인터넷 사전구매가 가능하다. 미술관, 박물관 관람을 계획한다면 2일권은 48€정도로 경제적이다.

〈초간단 미술사〉

고전주의(classicisme): 17-18세기, 고대 그리스, 로마를 모델로 하여 형식을 중요하게 생각했던 예술의 흐름. 루브르 장 루이 다비드(Portrait de Jacques-Louis David)의 〈나폴레옹 대관식〉 작품이 대표적이다.

낭만주의: 19세기 전반, 화려하고 열정적인 분위기 루브르박물관에 외젠 들라크루아(Eugéne Delacroix)의 〈민중을 이끄는 자유의 여신〉 작품이 대표적이다.

자연주의, 사실주의: 19세기 중반에서 후반, 도시인과 농촌의 삶을 사실적으로 표현하는 예술 흐름이며, 오르세 미술관의 장 프랑수아 밀레(Jean-François Millet) 〈이삭 줍는 사람들〉이 대표적이다.

인상파: 19세기 후반, 주관적인 인상, 감각적이며 오르세 미술관, 에두아르 마네(Edouard Manet) 〈풀밭 위의 점심식사〉와 오랑주리 미술관에 클로드 오스카 모네(Claude-Oscar Monet) 〈수련〉 작품이 대표적이다.

상징주의: 19세기 후반, 신화와 내면을 상징으로 표현해 반사실주의. 오르세 미술관에 귀스타브 모로(Gustave Moreau) 〈갈라테이아〉 작품이 대표적이다.

야수파, 입체파: 20세기 전반, 색채를 야수처럼 맹렬하게 써서 야수파라 칭하며, 오르세 미술관에 앙리 마티스(Henri Matisse) 〈사치, 평온, 쾌락〉이 대표적이다.

에콜 드 파리: 20세기 전반, 파리에서 활약 외국인 화가 집단을 지칭한다. 조르주 퐁피두 센터에 러시아 출신 마르크 샤갈(Marc Chagall)의 〈에펠탑의 신랑 신부〉가 대표적이다.

Nuna

안녕하세요 마담, 제가 어제 이 원피스를 샀는데요.

Bonjour Madame, j'ai acheté cette robe hier.

봉주흐 마담 재 아슈떼 쎄뜨호브 이에흐

Vendeuse

문제가 있으세요?

Il y a un problème?

일리아 엥 프호블램

Nuna

얼룩이 있어요. 환불을 해주실 수 있죠?

Il y a une tâche. Vous pouvez me rembourser?

일 리 아 윈 따슈 부 뿌배 므 헝부흐쎄

Vendeuse

영수증 있으시죠?

Vous avez le reçu?

부자배 르허쒸

Nuna

네, 여기 있어요!

Oui, voilà!

위 부알라

Vendeuse

그러면 문제 없습니다.

Alors pas de problème.

알로흐 빠드프호블램

Nuna

그리고 여동생을 위한 선물을 하나 찾고 있는데요.

Et je cherche un cadeau pour ma sœur.

에 즈쉐흐슈 엥까도 뿌흐마쐐흐

Vendeuse

몇살인가요?

Elle a quel âge?

엘라 껠라즈

Nuna

열네살입니다.

Elle a quatorze ans.

엘라 꺄토흐정

Vendeuse

쎄라비《그게 인생이야!》라고 씌여진 이 티셔츠를 보세요!

Regardez ce t-shirt imprimé《c'est la vie.》!

허갸흐대 쓰티쇼어트 엥프히메 쎄라비

---

acheté 아슈떼 샀다
une tâche 윈따슈 얼룩
vous pouvez 부뿌배 당신은 ~할 수 있다
me 므 나에게
rembourser 헝부흐세 환불하다
alors 알로흐 그러면
sœur 쐐흐 누나, 언니, 여동생
regardez 허갸흐대 보세요
imprimé 엥프히메 인쇄된
c'est la vie. 쎄라비 그게 인생이야.

생생 여행
Tip

• 프랑스의 치즈

치즈, 포마쥬(fromage)를 대하는 태도

프랑스의 치즈는 천 종류가 넘는다. 프랑스 전 대통령 샤를 드골(Charles De Gaulle)이 이렇게 각양각색의 치즈를 찾는 사람들을 어떻게 쉽게 통치할 수 있겠냐고 처칠을 만나 이야기했다는 일화는 유명하다. 염소치즈나 푸른 곰팡이를 배양시켜 번식시킨 블루치즈들은 맛과 향이 강해 치즈 애호가들이 찾는다. 부드러운 맛의 까망메르나 에망딸은 한국인들이 즐기는 맛이다.

Blue cheese

1. **정통 치즈:** AOP 원산지 명칭 보호법 인증을 받은 치즈들로 지역의 정체성이 나타난다. 브리(Brie), 깡딸(Cantal), 꽁떼(Compté), 까망메르(Camembert), 로끄포르(Roquefort) 등이 있다.

Brie cheese

2. **가공 치즈:** 대형 슈퍼마켓에서 볼 수 있고 아이들이 대부분 좋아하는 치즈들이다. 에피타이저로 많이 먹는다. 구워 먹는 라끌레뜨(Raclette), 알리고(Aligot) 등이 있다.

Emmental cheese

3. **요리 치즈:** 요리의 재료가 되지만 그냥 먹어도 맛있다. 강판에 갈아서 채처럼 먹는 에망딸(Emmental), 미몰레뜨 (Mimolette), 꽁떼(Compté)

www.cookipedia.co.uk

4. **신선 치즈:** 허브 등을 넣어서 빵에 발라 먹는다. 가벼운 소스로 만들기도 한다. Kiri, Carré frais 등이 있다.

유용한 회화 표현

8-8.mp3

C'est pour offrir !	선물하려고 합니다!
Vous pouvez me conseiller quelque chose?	제게 뭔가 추천해주시겠어요?
Je cherche quelque chose pour ma mère.	어머니를 위한 뭔가를 찾고 있어요.
Je cherche un cadeau pour mon père.	아버지를 위한 선물을 찾고 있습니다.
Je cherche un cadeau pour ma fille.	제 딸을 위한 선물을 찾아요.
Je cherche un cadeau pour mon fils.	제 아들을 위한 선물을 찾아요.
Je cherche un cadeau pour un enfant.	어린이용 선물을 찾고 있습니다.
Je cherche un souvenir pour un ami.	친구를 위한 기념품을 찾고 있습니다.
Je cherche un souvenir pour ma copine.	여자친구를 위한 기념품을 찾습니다
Vous avez une boîte cadeau?	선물용 포장상자가 있으십니까?
Vous pouvez me faire un paquet-cadeau?	선물용 포장을 해주실 수 있죠?
Je peux échanger en cas de problème?	문제가 있을 경우 교환할 수 있죠?
Il y a une garantie?	보증서가 있지요?
C'est échangeable?	교환 가능하죠?
Je voudrais être remboursé(e).	저는 환불 받고 싶습니다.

어휘 플러스

어떤 것	Quelque chose 껠끄 쇼우즈
누구	Quelqu'un 껠껑
교환	L'échange 레샹즈
환불	Le remboursement 르 헝부흐쓰멍
향수	Un parfum 엥 빠흐팽
목걸이	Un collier 엥 꼴리에
반지	Une bague 윈 바그
팔찌	Un bracelet 엥 브하슬레
시계	Une montre 윈 몽트흐
적포도주	Un vin rouge 엥 벵 후즈
백포도주	Un vin blanc 엥 벵 블렁
핸드백	Un sac à main 엥 싹까멩
배낭	Un sac à dos 엥 싹꺄도
책	Un livre 엥 리브흐
만년필	Un stylo 엥 쓰띨로
인형	Une poupée 윈 뿌뻬
초콜릿	Des chocolats 데 쇼꼴라
친환경식품	Des produits bio 데 프호뒤이비오
건강식품	Des produits de santé 데 프호뒤이드썽떼
다이어트제품	Des produits de régime 데 프호뒤이드헤짐
화장품	Des produits de beauté 데 프호뒤이드보떼
유명브랜드제품	Des produits de grandes marques 데 프호뒤이드그랑드마흐끄

프랑스가 궁금해

르와르(Loire) 밸리 고성 투어

다빈치가 숨 쉬었던 그 공기를 마시기 위해!

〈내셔널 지오그래픽〉이 선정한 '죽기전에 꼭 가봐야 할 세계의 여행지 50'에 루아르 고성(Châteaux de la Loire) 역시 선택되었다. 그런데 이 곳은 죽기전이 아니라 건강할 때 자전거를 타고 루아르 강을 따라 달리면 좋다. 루아르 고성지역에는 샹보르(Chambord), 슈베르니(Cheverny), 블루아(Blois), 쇼몽 쉬르 루아르(chaumont sur Loire), 슈농소(Chenonceau), 앙부아즈(Amboise), 클로 뤼세(Clos Lucé) 등의 성들이 있다.

- 클로 뤼세 성(Château du Clos Lucé)

  천재 예술가였던 레오나르도 다빈치는 이 성에서 생애의 마지막 3년(1452-1519, 67세 사망)을 보냈다. 그의 설치 예술작품, 날아다니는 기계(Machine à voler: ornithopter)와 설계, 연구에 탐닉하던 손글씨체를 보고 있노라면 인생을 낭비하는 스스로가 부끄러워진다.

- 앙부아즈 성(Château d'Amboise)

  다빈치를 프랑스로 초대하고 쉬게하고 사랑하고 아꼈던 프랑스의 왕 프랑수아 1세(1494-1547)의 성이다. 다빈치와 수시로 만날 수 있도록 지하비밀통로가 다빈치의 집 클로 뤼세성과 앙부아즈 성 사이에 연결되어 있다. 다빈치의 관이 이 성의 쌩위베르(Saint-Huberts's) 성당에 안치되어 있다. 16세기에 타인의 재능을 격려하는 사람은 21세기에도 격이 높다.

- 슈농소 성(Château du Chenonceau)

  카트린 드 메디시스(1519-1589)의 성이다. 앙부아즈 성의 프랑수아 1세의 며느리다. 그녀는 1572년 8월 구교도가 그녀의 딸의 결혼식에 온 신교도 프로테스탄트 6,000명을 죽이는 성 바르톨로메오 축일의 대학살을 지시했다는 혐의로 악녀로 평가받는다. 구교와 신교가 대립하던 시기, 자신의 아들 프랑수아 2세, 샤를 9세, 앙리 3세를 왕으로 남게 하기 위한 정치적 숙명적 결단으로 보는 시각도 있다.

9

건강

우정과 연애

감정 표현

약국

병원

Jean
너 오늘 저녁에 너무 아름답워!
Tu es très belle ce soir!
뛰에 트헤벨 쓰쑤와흐

Nuna
고마워. 우리 어디가?
Merci. On va où?
메흐씨 옹바우

Jean
파리에 최고의 레스토랑으로 널 데려갈께
Je t'emmène dans le meilleur restaurant à Paris.
즈떵멘 덩르메이왜흐 헤스또헝 아빠히

Nuna
이 레스토랑 정말 멋지다.
Ce resto est très chic!
쓰 헤스토 에 트헤 쉬크

Jean
너 알아? 너랑 보내는 시간이 너무 좋아!
Tu sais? J'aime passer du temps avec toi!
뛰쌔 잼 빠쎄 뒤떵 아베끄뚜와

Nuna
나도 그래. 나도 너 많이 좋아해.
Moi aussi. Je t'aime beaucoup.
무와옷씨 즈땜보꾸

Jean
나에 대해 어떻게 생각해?
Que penses-tu de moi?
꾸 뻥쓰-뛰 드 무와

Nuna 아주 매력적이고 재미있지.

Je te trouve très charmant et drôle!

즈 뜨 트후브 트헤샤흐멍 에 드홀

Jean 나 너한테 미쳐 있어. 나랑 결혼해줄래?

Je suis fou de toi. Tu veux m'épouser?

즈쒸이 푸드뚜와 뛰뵈 메뿌제

Nuna 결혼하기에는 너무 이르지.

Il est trop tôt pour ça!

일래 트호 토 뿌흐싸

---

tu 뛰 너는
resto 헤스토 레스토랑
avec 아베끄 함께, 같이
toi 뚜와 너
que 끄 무엇을
penses 펑쓰 생각하다
charmant 샤흐멍 매력적
fou 푸 미친
m'épouser 메뿌제 내게 결혼해주다
tôt 또 이른

생생 여행 *Tip*

• 결혼은 무덤? 계약결혼은 회색지대?

파리에는 페르 라셰즈(Père Lachaise Cemetery), 몽파르나스(Montparnasse Cemetery), 몽마르트르 묘지(Montmartre Cemetery)가 유명하다. 도심에 묘지가 있는 것이 독특하고, 묘지보다 마치 공원같다. 파리사람들의 휴식과 사색의 공간이다. 페르 라셰즈에는 에디트 피아프, 리더 싱어 짐 모리슨이 '쉬고' 있고, 몽파르나스 묘지에는 보들레르, 기드모파상등 예술가들이 잠들어 있다.

바로 이 묘지에 사르트르와 보부와르는 죽음이 그들을 갈라 놓을 때까지 계약결혼을 한 후 같이 묻혔다. 50년의 계약결혼을 한 작가 장 폴 사르트르와 보부와르는 평화롭고 행복했을까? 그들의 계약결혼 3대 원칙은 영혼의 정절, 육체의 자유, 관계의 투명성이었다. 주목할 점은 프랑스 남녀관계는 시대를 초월해 연인 그 둘 사이의 모호함과 회색지대를 인정한다는 것이다. 프랑스인은 밀당을 즐기고, 유혹할 자유를 누리고, 욕망을 논리와 이성, 언변으로 드러낸다.

유용한 회화 표현

9-2.mp3

Je t'aime.	나는 너를 사랑해.
Je t'aime un peu.	나는 너를 약간 좋아해.
Je t'aime beaucoup.	나는 너를 많이 좋아해.
Je t'aime passionnément.	나는 너를 열정적으로 사랑한다.
Je t'aime à la folie.	나는 너를 미치도록 사랑한다.
Je ne t'aime pas.	나는 너를 사랑하지 않아.
Je ne t'aime plus.	나는 더 이상 너를 사랑하지 않아.
Je ne t'aime pas du tout.	나는 전혀 너를 좋아하지 않아.
Je vous aime.	저는 당신을 사랑합니다.
Je ne vous aime pas.	저는 당신을 사랑하지 않습니다.
Je veux te revoir.	나는 너를 다시 만나고 싶어.
Je voudrais vous revoir.	저는 당신을 다시 만나고 싶습니다.
Embrasse-moi!	키스해 줘!
Je préfère qu'on reste amis.	난 우리가 친구로 남는 게 더 좋아.
On reste en contact.	우리 연락하면서 지내자.

어휘 플러스

내 애인	**Mon copain** 몽 꼬뺑
내 애인(여)	**Ma copine** 마 꼬삐느
내 남자친구	**Mon petit ami** 몽 쁘띠따미
내 여자친구	**Ma petite amie** 마 쁘띠뜨따미
나의 약혼자	**Mon fiancé** 몽 피엉쎄
나의 약혼녀	**Ma fiancée** 마 피엉쎄
내 남편	**Mon mari** 몽 마히
내 와이프	**Ma femme** 마 팜므
결혼	**Le mariage** 르 마히아즈
신혼여행	**Le voyage de noces** 르 브와이아즈 드 노쓰
성관계를 하다	**Faire l'amour** 페흐 라무흐
성관계를 하다	**Baiser** 배제
피임	**La contraception** 라 꽁트하쎕씨옹
콘돔	**Le préservatif** 르 프헤제흐바띠프
콘돔	**Le capote** 르 꺄뽀뜨
임신한	**Enceinte** 엉쌩뜨
성관계	**Le rapport sexuel** 르 하뽀흐 쎅쒸엘
사후피임약	**La pilule du lendemain** 라 삘륄 뒤 렁드멩
생리주기	**Le cycle des règles** 르 씨끌 데헤글
낙태	**L'avortement** 라 보흐뜨멍
피임 없는 성관계	**Le rapport non protégé** 르 하뽀흐 농 프호떼제
에이즈	**Le SIDA** (syndrome d'immunodéficience acquise) 르씨다

프랑스가 궁금해

프랑스의 위대한 개츠비

프랑스 최남단의 꼬뜨 다쥐르(La Côte d'Azur) 지역은 프랑스인이 가장 사랑하는 휴양지이다. 니스(Nice), 칸느(Cannes), 앙티브(Antibes), 주앙레뻥(Juan-les-Pins), 그라스(Grasse), 에즈(Eze), 마르캉투르(Marcantour) 지역을 돌아다니면 따스한 햇빛으로 몸의 피가 콸콸 흐르는 소리가 들린다. 프렌치 리비에라 패스를 구매하면 50곳 이상의 관광명소를 한번에 즐길수 있다.

이 곳에서 〈위대한 개츠비〉의 프랜시스 스콧 피츠제럴드가 산책했던 바닷가를 거닐어보자. 1920년 재즈의 시대에 프랑스로 건너온 위대한 미국작가 프랜시스 스콧 피츠제럴드는 벨레스 리브 호텔에서 집필했다. 피츠제럴드의 저택이었는데, 현재는 5성급 호텔이다. 그의 서재가 이 호텔의 다이닝룸이 되었고 그가 사용했던 가구가 그대로 남아있다. 절친이자 때로 애증의 관계였던 〈노인과 바다〉의 어니스트 헤밍웨이도 이 곳에 자주 들렸다. 헤밍웨이는 피츠제럴드의 아내 젤다가 피츠제럴드의 재능을 좀 먹고 있다고 싫어했다. 그러나 그의 아내 젤다 역시 작가였고, 그림을 그렸다. 그녀는 27살에 발레리나가 되겠다고 3년동안 하루 8시간 이상의 레슨과 연습을 받아, 결국 이탈리아 나폴리 오페라 발레단의 초청을 받기도 했다. 피츠제럴드가 자신의 삶을 포기하지 않았던 아내 젤다를 만나지 않았다면, 위대한 개츠비의 여주인공 데이지도, 데이지의 독백도 탄생하지 않았을 것이다. '오빠, 나는 아주 힘든 시기를 겪다 보니 매사에 굉장히 냉소적이 되었어요.'

F. Scott Fitzgerald

주앙레핑 마을의 벨레스 리브 호텔(Hôtel Belles Rives)
위치: 칸에서 10km, 니스에서 23km 떨어져 있다
주소: 33 Boulevard Edouard Baudoin, 06160 Juan-les-Pins, FRANCE
연락처: +33 4 93 61 02 79

Nuna

이 사진 좀 봐!

Regarde cette photo!

허갸흐드 세트포토

Sa copine

누구야?

Qui est-ce?

뀌 에쓰

Nuna

그의 이름은 쟝이야. 그는 아주 착해!

Il s'appelle Jean. Il est très gentil!

일싸뻴 졍 일레 트헤 졍띠

Sa copine

잘 생긴 거, 인정한다!

C'est vrai qu'il est beau!

쎄브해 낄에보

Nuna

게다가, 그는 매력적이고 지적이야!

En plus, il est charmant et intelligent!

엉쁠뤼쓰 일레샤흐멍 에 엥뗄리졍

Sa copine

너 그 사람과 사랑에 빠진 거야?

Tu es amoureuse de lui?

뛰에 아무홰즈드뤼

Nuna

응, 나는 그를 사랑하고 있어.

Oui, je suis amoureuse de lui.

위 즈쒸이 아무홰즈드뤼

Sa copine 너 너무 행복해보인다.

Tu a l'air si heureuse.

뛰아래흐 씨외해즈

Nuna 나 행복해.

Je suis heureuse.

즈쒸이 외해즈

Sa copine 나 너한테 질투나는데!

Moi, je suis jalouse de toi!

무와 즈쒸이 잘루즈드뚜와

---

regarde 허갸흐드 보다

cette 세뜨 이

qui 뀌 누구

amoureuse 아무해즈 사랑에 빠진 (여성 형용사)

tu a l'air 뛰아래흐 너는 ~해 보인다

si 씨 너무나

heureuse 외해즈 행복한 (여성 형용사)

heureux 외해 행복한 (남성 형용사)

jalouse 자루즈 질투가 나는 (여성 형용사)

jaloux 잘루 질투가 나는 (남성 형용사)

생생 여행
Tip

• 시청 MAIRIE 결혼식과 시민 연대 계약 PACS

프랑스는 오전에 시청 결혼식을 하고 오후에 성당에서 식을 올린다. 시청에서만 결혼하는 커플도 많다. 성대한 결혼식, 청첩장, 초대장, 결혼 게시글, 신혼여행, 아파트, 차 없이 심플하게 결혼하는 커플이 많다. 부모님이 쓰시던 가구를 물려 받아 가면서.

또 많은 커플이 팍스(PACS, Pacte civil de solidarité, 시민연대계약) 신고만 한다. 2008년 목수정 작가의 〈프랑스 남자와 결혼하지 않고 살아가기〉를 읽어보면 그녀도 팍스만을 했을 뿐이다. 당초에 팍스는 동성애자 커플의 혜택과 복지를 위해 만든 법이다. 동성애 커플의 한 사람이 질병 등으로 사망했을 때, 자신에게 등 돌린 가족보다, 자신을 돌봐준 상대를 재산상속 등 법적으로 보호해주기 위한 취지였다. 그런데 지금은 이성애자들이 더 시민연대계약으로 결혼하지 않고 살아간다. 프랑스에서는 미혼모라는 단어 자체가 없다. 아이 이름을 미리 지어놓는 관습은 아이를 태어나기 전에 하나의 존재로 존중하는 것이다. 아이가 태어나는 순간, 프랑스에서는 아이의 부모는 국가다. 절대로 사는게 힘들고 돈 없다고 아이와 동반자살하려고 하지 않는다. 아이는 결코 부모의 소유가 아니다.

유용한 회화 표현

9-4.mp3

Je suis pressé(e).	저는 급합니다.
Je suis fatigué(e).	저는 피곤합니다.
Je suis frustré(e).	실망스럽습니다.
Je suis navré(e).	죄송합니다.
Je suis inquiet(inquiète).	저는 걱정이 됩니다.
Je suis content(e).	저는 만족합니다.
Je suis ravi(e).	반갑습니다.
Je suis excité(e).	저는 흥분이 됩니다.
Je suis heureux.	저는 행복합니다. (남자)
Je suis heureuse.	저는 행복합니다. (여자)
C'est dommage!	애석하네요!
C'est triste!	슬퍼요!
C'est super!	멋지네요!
C'est beau!	아름다워요!
C'est génial!	천재적이네요!

어휘
플러스

실망한	déçu(e) 데쒸
짜증나는	énervé(e) 에네흐베
화난	fâché(e) 파쉐
바쁜	occupé(e) 오뀌뻬
기진맥진한	épuisé(e) 에쀠이제
놀란	surpris(e) 쒸흐프히
질투하는 (남)	jaloux 잘루
질투하는 (여)	jalouse 잘루즈
평온한	calme 깔므
신경질적인	hystérique 이쓰떼히끄
몰두하는	préoccupé(e) 프헤오뀌뻬
괜찮아요?	Ça va? 싸바
무슨 일 있어요?	Qu'est-ce qu'il y a? 께쓰낄리아
문제가 있어요?	Il y a un problème? 일리아 엥프호블램
너 왜 슬퍼해?	Pourquoi tu es triste? 뿌호꾸와뛰에트히쓰트
두려워요.	J'ai peur. 제 빼흐
부끄러워요.	J'ai honte. 제 옹트
울적해요.	J'ai le cafard. 제 르 꺄파흐
컨디션이 좋아요.	J'ai la patate. 제 라바따뜨
활기차요.	J'ai la pêche. 제 라빼슈
무서워요.	J'ai une peur bleue. 제 윈빼흐 블뢰
숙취가 있어요.	J'al la gueule de bois. 제 라겔 드브와

프랑스가 궁금해

프랑스의 대표적인 영화감독

장 뤽 고다르(Jean Luc Godard), 레오 카락스(Leos Carax), 프랑소와 오종(François Ozon), 장 피에르 주네(Jean-Pierre Jeunet), 뤽 베송(Luc Besson), 미셸 공드리(Michel Gondry) 그리고 아네스 자우이(Agnès Jaoui), 이 감독들의 영화는 인식의 지평을 넓혀주고 영혼을 깊게 해주고, 내 마음대로 되지 않는 타자를 이해하게 한다.

현재 프랑스 영화를 대표하는 프랑스 감독은 자크 오디아르(Jacques Audiard)다. 〈예언자, 2009〉, 〈러스트 앤 본 2012〉, 〈디판, 2015〉으로 영화제들의 상을 휩쓸어 왔다. 영화제 상을 받는 영화들이지만 지루하지 않고 처절하고 아름답다. 이 감독은 금수저로 태어났는데 흙수저의 삶을 이해하고 옹호한다는 점에서도 존경스럽다. 프랑스가 보고 싶어 하지 않는 것들을 프랑스적으로 다룬다. 프랑스의 소수자를 대변하는 멋진 감독이다.

특히, 그의 작품 〈러스트 앤 본, 2012〉은 '몸을 잃은 여자와 몸만 남은 남자'의 이야기다. 범고래 조련사였던 여자 스테파니(마리옹 꼬띠아르)는 고래 때문에 사고가 나서 하반신이 절단된다. 사고 후, 후크선장의 갈고리손 같은 금속뼈 의족을 하고 다시 수족관의 유리 건너편에서 돌고래를 찾아가서 부른다. 돌고래가 기다렸다는 듯 나타나서 그녀와 만나는 장면은 몽환적이고 눈물이 나올 만큼 거룩하다.

그녀를 자살하지 않고 버티게 한 것은 동물적인 삼류복서 알리(마티아스 쇼에나에츠)다. 우리 관계는 뭐냐고 따지지 않고, 다리가 절단된 여자를 동정하지 않고 잠자리는 할 수 있냐고 묻는다. 값싼 동정이 아닌 그의 본능과 동물성이 스테파니를 여성으로 구원한다. 이 둘은 함부로 울지 않고 쉽게 사랑한다고 말하지도 않는다. 다만 서로 의지하게 된다. 그러다 사랑보다 더 깊은 무언가를 만나게 된다.

Nuna
안녕하세요, 약사 선생님.
Bonjour Monsieur.
봉주흐 므씨외

Pharmacien
안녕하세요 마드무와젤, 무엇을 도와드릴까요?
Bonjour Mademoiselle, vous désirez?
봉주흐 마드무와젤 부데지해

Nuna
아침부터 제가 위가 아파요.
J'ai mal à l'estomac depuis ce matin.
재말라 레스토마 드쀠이 쓰마뗑

Pharmacien
위의 통증을 진정시키려면, 이게 있어요.
Pour calmer les maux d'estomac, j'ai ça.
뿌흐 깔메 레모데스토마 재싸

Nuna
그리고 기침도 약간 해요.
Et je tousse un peu.
에 즈뚜쓰 엥뾔

Pharmacien
의사선생님을 만나 보셨어요?
Vous avez vu un médecin?
부자배 뷔 엥메드쌩

Nuna
아니요, 아직.
Non, pas encore.
농 빠 졍꼬흐

Pharmacien 만약 4일후에도 손님 상태가 더 나아지시지 않는다면…

Si vous ne vous sentez pas mieux dans les quatre jours...

씨 부 느 부 썽때 빠 미외 덩 레 꺄트흐 주흐

Nuna 네, 의사선생님을 보러 갈께요.

Oui, je vais aller voir un médecin.

위 즈배 알레 부아흐 엥 메드쌩

Pharmacien 좋아요, 기침을 위한 시럽과 진통제가 여기 있는데요.

Bien, voilà un sirop pour la toux et un antidouleur.

비앙, 부왈라 엥 씨로 뿌흐 라 뚜 에 엔 엉띠두뢔흐

식사후에 한 알을 드세요.

Vous en prenez un après les repas.

부 졍 프허내 엥 아프헤 레 허빠

---

depuis 드쀠이 이래로, ~전부터

calmer 꺌메 진정, 완화시키다

les maux 레 모 고통

tousse 뚜쓰 기침하다

pas encore 빠 졍꼬흐 아직

mieux 미외 더 나은

un sirop 엥 씨호 시럽

la toux 라 뚜 기침

un antidouleur 엔 엉띠두뢔흐 진통제

prenez 프허내 드세요

생생 여행 *Tip*

• 약국

*아파요! J'ai mal (재말) + 손가락으로 아픈 부위

프랑스인은 신체부위를 남성명사, 여성명사, 두팔 두 다리가 다 아픈지 복수명수에 따라 정확히 정관사의 성수를 말한다. **le**는 남성형, **la**는 여성형, **les**는 복수형을 나타내는 정관사다. 단어를 다 못 외웠으면 J'ai mal 이렇게 말하고 아픈데를 손가락으로 가리키며 몸으로 해결하자.

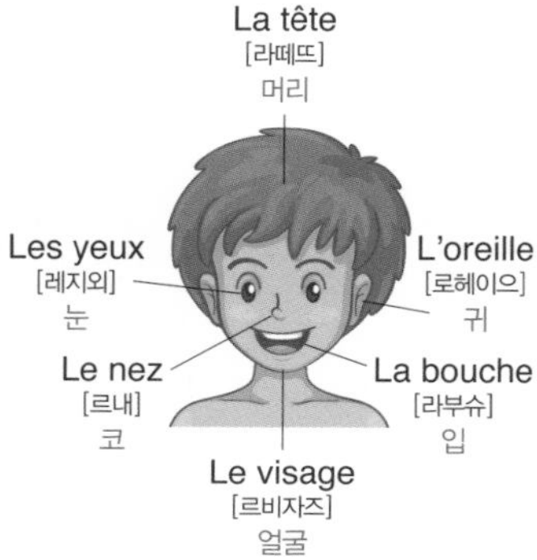

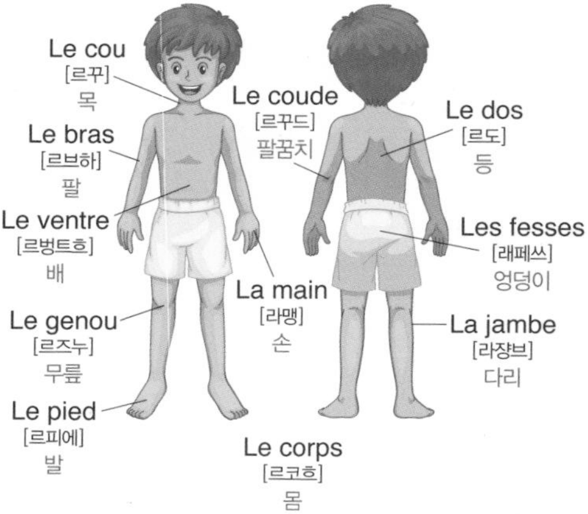

유용한
회화 표현

9-6.mp3

J'ai mal à la tête.	저는 머리가 아파요.
J'ai mal au ventre.	저는 배가 아파요.
J'ai mal à la gorge.	저는 목이 아파요.
J'ai mal aux pieds.	저는 발이 아파요.
J'ai mal aux dents.	저는 이빨이 아파요.
Je me suis fait mal au bras.	저는 팔을 다쳤어요.
Je me suis coupé le doigt.	저는 손가락을 베였어요.
Je ne me sens pas bien.	제 상태가 안 좋아요.
J'ai de la fièvre.	저는 열이 있어요.
J'ai une brûlure.	저는 화상을 입었어요.
J'ai une fracture.	저는 골절이 됐어요.
Je suis constipé.	저는 변비입니다.
J'ai la diarrhée.	저는 설사를 합니다.
Je me suis fait piquer par une guêpe	저는 말벌에 물렸습니다.
Je me suis fait mordre par un chien.	저는 개에게 물렸습니다.

어휘 플러스

진통제	L'antidouleur 렁띠둘래흐
해열제	Le médicament contre la fièvre 르 메디까멍 꽁트흐 라피에브흐
소화제	Le digestif 르 디제스띠프
화상연고	La crème pour brûlure 라 크헴 푸흐 브휠뤼흐
식염수	Le sérum physiologique 르 세험 피지오로지끄
붕대	Le bandage 르 방다즈
소독약	L'antiseptique 렁띠셉띠끄
밴드	Le pansement 르 뻥쓰멍
파스	Le patch chauffant 르 빠취 쇼펑
변비약	Le laxatif 르 락싸티프
지사제	L'anti diarrhéique 렁띠디아흐레이끄
모기약	L'anti-moustique 렁띠무쓰띠끄
캡슐	Les capsules 레 깝쓀
알약	Les comprimés 레 꽁프히메
스프레이	Le vaporisateur 르 바포히자뙈흐
시럽	Le sirop 르 씨호
안약	Le collyre 르 꼴뤼흐
연고	La pommade 라 뽀마드
환자들	Les patients 레 빠씨엉
질병	Les maladies 레 말라디
부작용	Les effets secondaires 레 제페스공데흐
증상	Les symptômes 레 쌩똠므

프랑스의 화장품

PHARMACIE Monge

www.pharmacie-monge.fr

화학용품 사용을 최소화해서 일반 화장품보다 사용기간이 짧다. 사재기 대량구매를 하면 유통기한을 넘기기 쉽다.

1. Embryolisse Lait-Crème Concentré 엠브리올리스 콘센트레이트 크림
2. BIODERMA 아토덤 립밤, 클렌징워터, 핸드크림 모두 아이들, 성인 사용가능
3. DUCRAY 듀크레이 모든 라인도 피부에 따라 피부과 의사가 추천한다.
4. CAUDALIE 100% 오가닉 포도가 주성분, 미스트 그레이프 워터
5. NUXE OIL 눅스 프로디쥬스 멀티 드라이 오일, 천연성분98%, 무파라벤
6. DARPHIN HYDRASKIN RICH 달팡 수분크림, 색깔별로 나이대 구분
7. RENE FURTERER 헤어디자이너가 만든 초록색 알갱이 탈모방지 샴푸
8. Vichy 비쉬온천수 수분세럼 Vichy Liftactiv Sérum 10
9. Avène Cicalfate 아벤느 온천수 시칼파트 에멀젼
10. La Roche-Posay EFFACLAR 라포슈로제 온천수 여드름용 크림, 수분크림
11. URIAGE 유리아쥬 온천수 미네랄 성분, 파라벤 무첨가
12. A-DERMA Crème Ultra-Réparatrice 아데르마 피부상처 재생크림
13. A-DERMA Fluide matifiant très haute protection 50+ 자외선 차단제
14. L'OCCITANE Crème Divine 록시땅 디바인 주름용 영양크림
15. BIOTHERM 블루테라피 라인 : 토털 안티에이징 라인

* 아벤느, 바이오더마, 아데르마, 듀크레이는프랑스 피부과 의사와 약사가 공통적으로 자주 추천해준다.

* 다양한 곳에서 구매가 가능하니 shop-pharmacie.fr과 pharmacie-on-line.net에서 제품 가격을 비교해보자.

Docteur

안녕하세요, 마드무와젤, 어디가 안 좋으세요?

Bonjour, mademoiselle, qu'est-ce qui ne va pas?

봉주호 마드무와젤 께쓰끼 느 바 빠

Nuna

안녕하세요, 선생님! 제가 많이 아파요.

Bonjour, docteur! Je me sens très mal.

봉주호 독뙈호 즈 므 썽 트헤 말

Docteur

피곤함을 느끼세요?

Vous vous sentez fatiguée?

부 부 썽때 파띠게

Nuna

네, 항상 그래요.

Oui, tout le temps.

위 뚜 르 떵

Docteur

어디가 정확히 아프세요?

Où est-ce que vous avez mal exactement?

우 에스끄 부 자매 말 에그작뜨멍

Nuna

저는 머리가 아파요.

J'ai mal à la tête.

재 말 라 라 떼뜨

Docteur

입을 여시구요. 그리고 혀를 내밀어보세요!

Ouvrez la bouche et tirez la langue, s'il vous plaît!

우브래 라 부슈 에 티해 라 랑그 씰 부 쁠래

Nuna

제가 무슨 병이죠, 의사 선생님?

Qu'est-ce que j'ai, docteur?

께쓰끄 재 독뙈흐

Docteur

걱정하시지 마세요. 제가 검사해 보겠습니다!

Ne vous en faites pas. Je vais vous examiner!

느 부 정 패트 빠 즈 배 부 제그자미네

Nuna

제 혈압은 정상인가요?

Ma tension est normale?

마 떵씨옹 에 노흐말

Docteur

네, 환자분의 혈압은 정상입니다! 그래요.

Oui, votre tension est normale! Je vois.

위 보트흐 떵씨옹 에 노흐말 즈 부와

제가 환자분의 처방전을 드리겠습니다.

Je vais vous faire une ordonnance.

즈 배 부 패흐 윈 오흐도넝쓰

---

qu'est-ce qui 께쓰 끼 무엇이
je me sens 즈 므 썽 저는 ~을 느끼다
tout le temps 뚜 르 떵 언제나
j'ai mal 재 말 나는 아파(요)
à la tête 알 라 떼뜨 머리에
la langue 라 랑그 혀
la bouche 라 부슈 입
la tension 라 떵씨옹 혈압
je vois 즈 부와 알겠어(요) (직역: 나는 본다)
une ordonnance 윈 오흐도넝쓰 처방전

생생 여행 Tip

• 프랑스의 병원 예약

1. 필히 예약제다. 중상으로 병원 응급실로 바로 실려가지 않는 한 말이다.
2. 당일예약은 가능하다. www.doctolib.fr사이트에 들어가자.
3. 전문의는 의료비가 비싸고 일단 일반의를 찾는다.
4. 그 다음 일반의가 보내는 전문의를 찾는 순서로 프랑스인은 진료받는다.
5. 물론 치과, 임신을 이미 한 경우 등 분류되면 바로 산부인과로 간다.
6. 사이트에서 Médecin généraliste 일반의를 선택하고 도시명을 입력
7. 지도를 확대한 후 현재 본인 숙소나 위치와 가까운 지역을 띄운 후 그 안의 예약이 가능한 의사를 고른다.
8. 그러면 의사의 주소와 진료비도 뜬다. 일반적인 진찰은 20-30€ 선이다.
9. 네이버사전과 구글번역기를 써가며 어떤 진료를 원하는지 선택한다.
10. 그 후 날짜랑 가능한 시간대를 선택한다.
11. 예약이 꽉 차 있다고 좋은 의사는 아니다. 인맥이 넓은 의사일 수 있다.
12. 프랑스 의대도 졸업하기 힘들고 의사가 되기전에 많이 공부한다.
13. Langue라고 명시되어 있는 칸에서 anglais가 영어다. 의사선생님 중 영어가 가능한 의사분을 찾을 수 있다.
14. 원하는 날짜 시간대를 누르면 가입/로그인 요청을 한다.
국가번호설정, 메일주소, 비밀번호 설정순이다.

유용한 회화 표현

9-8.mp3

Où est l'hôpital le plus proche?	가장 가까운 병원은 어디에 있어요?
Je dois voir un médecin dès que possible.	저는 가능한 빨리 의사를 봐야 해요.
Aujourd'hui, c'est possible?	오늘, 가능할까요?
J'ai une assurance maladie internationale.	저는 국제 의료보험 가입자입니다.
Je voudrais voir un docteur qui parle anglais.	영어를 하는 의사를 원합니다.
Où se trouvent les urgences?	응급센터는 어디에 있습니까?
Il faut subir une opération!	수술을 하셔야 합니다.
Vous devez être hospitalisé!	당신은 입원을 해야 합니다.
Où est le dentiste le plus proche?	가장 가까운 치과는 어디에 있죠?
Quels sont les horaires d'ouvertures?	진료 시간은 어떻게 됩니까?
Ça va faire mal !	아플 겁니다.
Où est le service de dermatologie?	피부과는 어디에 있나요?
Où est le service de pédiatrie?	소아과는 어디에 있나요?
Où est la salle d'attente?	대기실은 어디에 있나요?
Quels sont les horaires de visite?	면회시간은 어떻게 됩니까?

어휘 플러스

구급차	L'ambulance 렁뷜렁쓰
혈액검사	L'analyse de sang 라날리즈 드 썽
소변검사	L'analyse d'urine 라날리즈 뒤휜느
심장발작	La crise cardiaque 라 크히즈 꺄흐디아끄
간 경련	La crise de foie 라 크히즈 드 푸와
체온	La température 라 떵뻬하뛰흐
채혈	La prise de sang 라 프히즈드썽
맹장염	L'appendicite 라뼁디시뜨
암	Le cancer 르껑쎄흐
뇌진탕	La commotion cérébrale 라 꼬모씨옹 세헤브랄
엑스레이	La radio 라 하디오
주사	La piqûre 라 삐뀌흐
항생제	Les antibiotiques 레정띠비오띠끄
심각합니다.	C'est grave. 쎄그하브
외과의사	Le chirurgien 르 쉬휘흐지엉
진단	Le diagnostic 르 디아노쓰띡
사회보장제도	La sécurité sociale 라 쎄뀌히떼쏘씨알
수술	L'opération 로뻬하씨옹
치료	Le traitement 르 트해뜨멍
익사의 경우	En cas de noyade 엉 꺄 드 누와이아드
감전시	En cas d'électrocution 엉 꺄 델렉트호뀌씨옹
실신시	En cas de malaise 엉 꺄 드 말래즈

프랑스가 궁금해

프랑스의 유학에 대하여

캠퍼스 프랑스(www.coree.campusfrance.org)와 프랑스대사관 사이트(kr.ambafrance.org), 재불 한인포털싸이트 프랑스존(francezone.com) 이렇게 세 군데를 검색해서 학교와 준비서류, 정보, 생활비 수준을 자신의 상황과 전공에 따라 수집한다.유학시 최소 요구 프랑스어 자격은 DELF B2 이다. 프랑스어 시험은 6단계로 A1, A2, B1, B2, C1, C2다. 대학이 평준화되었다고 하지만 파리의 소르본느, 누벨 소르본느 이런 대학이나 파리보자르 미술학교 등은 지원자가 많아 언어자격이 높아야 유리하다.

1년에 2학기로 1학기는 9월~12월 겨울방학후 2학기 2월~6월까지다. 학교별로 차이가 있지만 한 학기당 30학점, 수업 시간은 일주일 20~25시간 정도다. 3년후 학사학위를 받을 수 있고 낙제 시스템이 있다. 의대는 1학년에 삼천 명이 입학해서 2학년에 삼백 명 정도가 올라간다. 프랑스 국립대학의 학비는 학사 184€(약 23만원), 석사 256€(약 33만원), 박사 391€(약 49만원). 지역에 관계없이 학비 평등하다. 만 28세 이하까지는 의료보험비 215€ 정도가 추가된다. 물론 코르동 블루 등의 요리 사립학교, 그랑제꼴 등은 학비가 많이 든다. 프랑스에서는 돈과 기회가 없어 공부를 못했다는 말은 안 통한다.

학교에서 '무지는 용서받지 못한다'. 유학생 절반이상이 중도 포기한다. 입학을 해도 토론식 수업과 언어, 문화 차이 때문에 공황장애와 우울증 또는 사랑고파병에 빠진다. 언어가 안 되는 유학생 증상이 다양하다. 특히 신앙심이 급상승한다. '당신은 사랑받기 위해 태어난 사람' 이런 복음성가들을 프랑스 사람들에게 사랑과 인정을 받지 못하니 집에서 늘 듣고 증세가 심해지면 혼자 부르고 학교를 결석하기 시작한다.

10
응급

렌터카

분실 신고

비상 상황

경찰

POLICE

Nuna
안녕하세요, 제가 차를 빌리려고 하는데요.

Bonjour, je voudrais louer une voiture, s'il vous plaît!

봉주호 즈 부드해 루에 윈 부와뛰호 씰 부 쁠래

Employé
면허증이 있으십니까?

Vous avez votre permis de conduire?

부 자배 보트흐 뻬흐미 드 꽁듀이흐

Nuna
여기 있습니다! 보험은 포함이 되죠?

Voilà! L'assurance est-elle comprise?

브왈라 라쒸헝쓰 에-뗄 꽁프히즈

Employé
네, 디젤카입니다.

Oui, c'est un diesel.

위, 쎄떵 디젤

Nuna
언제 제가 이 차를 돌려드려야 하나요?

Quand dois-je rendre la voiture?

껑 두와-즈 헝드흐 라 부와뛰흐

Employé
원하시는데로 하시면 됩니다.

Comme vous voulez!

꼼 부 불래

Nuna
그렇다면, 이 차로 하겠습니다.

Alors, je prends cette voiture.

알로흐 즈 프헝 쎄뜨 부와뛰흐

Employé

알겠습니다, 신용카드 좀 주시겠습니까?

D'accord, je vais vous demander votre carte de crédit.

다꼬흐 즈 배 부 드멍데 보트흐 까흐뜨 드 크헤디

Nuna

여기 있습니다!

Tenez!

뜨내

Employé

비밀번호를 입력해주세요. 됐습니다.

Tapez votre code, s'il vous plaît! C'est bon.

따빼 보트흐 꼬드 씰 부 쁠래 쎄봉

열쇠와 증명서류가 여기 있습니다.

Voilà la clé et les papiers!

브왈라 라 끌레 에 레 빠삐에

---

permis de conduire 뻬흐미 드 꽁뒤이흐 운전면허증
louer 루에 빌리다
comprise 꽁프히즈 포함이 된
rendre 헝드흐 되돌려주다
quand 껑 ~할 때
comme 꼼 처럼
vous voulez 부 불래 당신이 원하다
tapez 따빼 입력하세요 치세요
La clé 라 끌레 열쇠
Les voiture 레 부와띠흐 자동차들

생생 여행 *Tip*

• 프랑스에서 교통사고

1. 뺑소니 및 사상자 발생을 제외한 일반 사고는 당사자 보험사가 처리한다.
2. 사고 발생후 차량이 움직일 경우 갓길로 차량을 이동한다.
3. 차량이 움직이지 않을 경우 경찰에 연락한다.
4. 상대방의 차량 번호판, 보험사 정보카드 Carte Verte(조수석 전방) 촬영한다.
5. 사고확인서 Constat amiable를 상대차량 운전자와 철저히 작성하며 각각 1부씩 가진 후 5일이내 보험사에 제출한다.
6. 사고확인서가 없을 때 상대차 번호판, 보험확인증 사진 촬영후 만나서 작성한다.
7. 언어가 통하지 않아 사고확인서 작성이 어려울 경우 각자 보험사에 신고한다.
8. 사고확인서에서 필히 확인해야 할 내용
   3번 부상자 여부, 6,8번 보험 확인증 Attestation d'assurance
   9번 운전면허증 확인, 10번 차량 파손 부위 표시
   13번 이동경로, 차선, 신호등, 길이름, 구체적으로 그림 묘사
9. 견인 Remorquage 필요시 보험사에 견인 차량 요청한다.
10. 견인이 불필요할 경우 보험사 연락, 사고발생 인근 보험사 계약 정비소로 차량 인계한다.
11. 렌터카 사고처리 과정도 동일, 렌터카 업체에 즉시 연락, 도움 요청한다.

유용한 회화 표현

10-2.mp3

Il y a un parking près d'ici?	여기서 가까운 주차장이 있나요?
Je peux me garer ici?	여기서 제가 주차해도 될까요?
C'est gratuit?	무료인가요?
C'est combien par heure?	시간당 요금이 얼마인가요?
Où est le garage le plus proche?	가장 가까운 카센터는 어디죠?
Je n'ai plus d'essence.	차의 기름이 떨어졌어요.
Vous faites les réparations?	수리를 하십니까?
Vous pouvez le remplacer?	그것을 교체해주실수 있으세요?
Le pneu ne fonctionne pas.	타이어가 작동되지 않아요.
Il y a un problème au niveau du moteur.	모터에 문제가 있습니다.
Ma voiture ne démarre pas.	제 차의 시동이 걸리지 않습니다.
Ma voiture est en panne.	제 차가 고장이 났습니다.
Ça sera prêt quand?	언제 차를 찾을 수 있을까요?
Ça va coûter combien?	얼마나 비용이 들까요?
J'ai un pneu crevé.	타이어에 펑크가 났습니다.

어휘 플러스

보행자	Le piéton 르 삐에똥
교통체증	L'embouteillage 렁부떼이아즈
혼잡	L'encombrement 렁꽁브흐멍
고속도로	L'autoroute 로또후뜨
시골길	La route de campagne 라 후뜨드깡빠니으
신호등	Le feu de circulation 르 푸드씨흐뀌라씨옹
진입로	La rampe 라 헝쁘
일방통행	La rue à sens unique 라 휘 아 썽쓰 위니끄
좌회전	Le virage à gauche 르 비하즈 아 고슈
건널목	Le passage à niveau 르 빠싸즈 아니보
지하도	Le passage souterrain 르 빠싸즈 쑤떼헹
막다른 골목	Le cul-de-sac 르 뀔드싹
움푹 패인 곳	Le nid-de-poule 르 니드뿔
오토바이	La moto 라 모토
오토바이헬멧	Le casque de moto 르 꺄쓰끄드모토
원형교차로	Le rond-point 르 홍뿌앙
표지판	Le panneau 르 빠노
속도제한	La limitation de vitesse 라 리미따시옹 드 비떼쓰
거리표지판	La plaque de rue 라 쁠라끄 드휘
안전벨트	La ceinture de sécurité 라 쎙뛰흐 드 쎄뀌히떼
통행금지	L'interdiction de dépasser 랭떼흐딕씨옹 드 데빠쎄
장애인주차구역	La place de parking réservée aux handicapés 라 쁠라스 드 빠낑 헤제흐베 오 졍디까뻬

프랑스가 궁금해

타인에 대한 관용심 톨레랑스(tolérance), 자신을 넘어서는 길

프랑스 모주간지가 표지로 마크롱 대통령이 임신한 부인의 배를 만지는 모습의 삽화와 함께 '그가 기적을 행할 것이다'라는 문구를 넣었다. 대통령과 부인과의 나이 차를 조롱한 것이다. 실제 프랑스 마크롱 대통령의 부인 브리지트 마크롱은 24살 연상이다. 프랑스에서는 한국의 '제가 나이가 많아서' 뭐 이런 것 없이, '우리가 서로 나이를 몰라서' 이렇게 모르고 궁금해 하지 않고, 의식하지 않고 쭉 간다. 그러다 사랑도 한다.

이 나이 차에 대한 조롱에 마크롱 대통령은 즉각 반응했다. 〈르 파리지앵〉 현지매체에 "만일 내가 20살 더 많았더라면 누구도 우리의 관계를 의심하지 않았을 것"이라며 "여성의 지위를 보는 시선에 큰 문제가 있다. 사회의 전통적이고 획일적인 관점이 여성혐오의 원인"이라고 지적했다. 브리지트가 전남편과 낳은 막내딸 티판느 오지에르도 이런 공격은 '질투심 때문이라고' 어린 배우자를 둔 남성 정치인에게는 이런 공격을 하지 않을 것이라고 어머니를 적극 변호했다. 브리지트의 세 자녀들은 모두 마크롱 대통령과 관계가 좋다. 그녀가 전남편과 낳은 딸들은, 자신들과 나이 차이가 없는 '새아빠' 마크롱의 대통령 당선을 열렬히 도왔다. 모던패밀리의 최강자다.

아무리 프랑스지만, 마크롱 대통령과 그들의 나이차이와 상황에도 불구하고, 가족을 잃지 않고 자신의 자녀들과 탄탄한 가족관계를 유지한다는 것은 프랑스인의 톨레랑스(타인에 대한 관용심) 없이는 불가능했을 것이다. 대단한 소통능력과 이해심, 부모도 자식도 서로의 독립적인 삶을 인정해 준 것이다. 톨레랑스만이 타인을 함부로 재단하지 않고, 자신을 넘어서는 길이라고 프랑스인은 굳게 믿는다.

타인에 대한 관용심이 평화를 얻게 해요.

분실 신고

Nuna

안녕하세요, 경찰관님, 도난신고를 하려고 합니다.

Bonjour, monsieur, je voudrais faire une déclaration de vol.

봉주흐 므씨외, 즈 부드해 패흐 윈 데끌라하시옹 드 볼

Policier

안녕하세요. 마드무와젤, 어떻게 된 거죠?

Bonjour, mademoiselle! Qu'est-ce qui s'est passé?

봉주흐 마드무와젤 께쓰 끼 쌔 빠쌔

Nuna

누군가가 제 지갑을 훔쳤어요.

On m'a volé mon portefeuille.

옹 마 볼래 몽 포흐뜨페이으

Policier

언제 사건이 발생했나요?

Ça s'est passé quand?

싸 쌔 빠쌔 껑

Nuna

오늘 아침이요, 11시경이에요.

Ce matin, vers 11heures.

쓰 마땡 베흐 옹재흐

Policier

어디서요?

Où ça?

우 싸

Nuna

역 앞에서요. 한 남자가 제 앞을 지나갔구요. 그 후 없어졌어요!

Devant la gare. Un homme est passé devant moi. Et puis voilà!

드벙 라 갸흐 엔 옴 에 빠쌔 드벙 무와 에 쀠이 브왈라

Policier

은행카드 거래정지는 하셨나요?

Vous avez fait opposition sur votre carte bancaire?

부 자배 패 오뽀지씨옹 쒸흐 보트흐 꺄흐트 벙깨흐

Nuna

아니요, 아직 안 했어요.

Non, pas encore.

농 빠 졍꼬흐

Policier

그것부터 당장 하셔야 합니다!

Vous devez le faire tout de suite!

부 드배 르 페흐 뚜 드 쒸이트

---

faire opposition 패흐 오뽀지씨옹 카드분실신고 하다
une déclaration de vol 윈 데끌라하시옹 드 볼 도난신고
un homme 엔 옴 남자
une femme 윈 팜 여자
un enfant 엔 엉펑 어린이
un portefeuille 엥 뽀흐트푀이으 지갑
vers 베흐 ~경
devant 드벙 앞에
passé 빠쎄 지나 갔다
devez 드배 해야만 한다
pas encore 빠 졍꼬흐 아직
tout de suite 뚜 드 쒸이트 당장

생생 여행 *Tip*

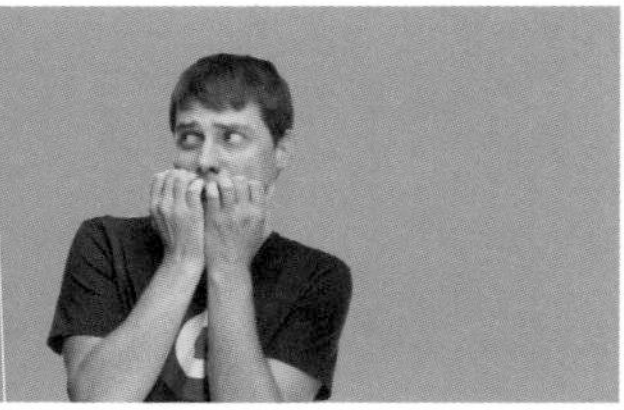

• 욕설, 하지는 말고 알아만 들어요!

Putain[쀠땅, 쀼땡] 강세가 조금씩 다르게 들리는데 매춘부를 뜻하는 단어인데 줄여서 pute 퓟 등으로 말하기도 한다. 실수로 물을 엎질렀을 때도 자신이 자신에게도 순간적으로 말한다.

Merde[메흐드, 메르드]은 일상에서 수없이 듣는다. 요리를 하다가 소금을 넣어야 하는데 쏟았다든지 할 때 주부들도 말한다.

Mince[멩스] "제기랄" 정도의 욕이다. 교양 있는 프랑스인도 멩스는 자주 쓴다. 중요한 서류를 놓고 와서 되돌아 간다든지 그럴 때 쓴다. Mince 〈 Merde 〈 Putain, 이런 정도의 강도로 욕설이 증가되는데 사람에게 직접적으로 하는 욕을 주의해야 한다. Conard(꼬나흐) 바보, 구제불능인간 이라는 뜻, 청소년들이 서로 장난치며 말할 때는 진지한 의미가 아니다.

Ta gueule[따궬, 따결] 뜻은 "닥쳐"다. Ferme ta bouche, La ferme 정도가 "입 좀 닫아" "그만 좀 말해"라는 의미인데 그룹과제 토의를 한다든지 할 때, 언쟁 속에 이 소리가 나온다. 그러나 남성이 여성한테, 여성이 남성한테 사용하면 관계 파탄의 위험이 있다.

Le dîner de cons 영화: 바보들의 저녁식사

유용한 회화 표현

10-4.mp3

On m'a volé mon argent.	누군가 제 돈을 훔쳐갔습니다.
On m'a volé mon passeport.	누군가 제 여권을 훔쳐갔습니다.
On m'a volé mes affaires.	누군가 제 물건들을 훔쳐갔습니다.
On m'a volé mes chèques de voyage.	누군가 제 여행수표를 훔쳐갔어요.
On m'a volé ma voiture.	누군가 제 차를 훔쳐갔습니다.
On m'a volé mon sac.	누군가 제 가방을 훔쳐갔습니다.
J'ai perdu mon argent.	제가 제 돈을 잃어버렸습니다.
J'ai perdu mes clés.	제가 제 열쇠들을 분실했습니다.
J'ai perdu mes lunettes.	제 안경을 분실했습니다.
J'ai perdu mes bagages.	제 짐들을 분실했습니다.
Il faut que je téléphone à mon assurance.	저는 보험회사에 전화를 해야 합니다.
Il faut que je bloque mes cartes de crédit.	신용카드 사용정지를 해야만 합니다.
Je m'appelle ...	제 이름은 ... 입니다.
Mon adresse est ...	제 주소는 ... 입니다.
Mon numéro de téléphone est le ...	제 전화번호는 ... 입니다.

어휘
플러스

분실신고	La déclaration de perte	라 데끌라하씨옹 드 뻬흐트
유실물센터	Service objets trouvés	세흐비쓰 오브제 투후베
분실물	Les objets perdus	레 조브제 빼흐뒤
도난물	Les objets volés	레조브제 볼레
오늘	Aujourd'hui	오조흐뒤이
어제	Hier	이에흐
몇 분전에	Il y a quelques minutes	일 리 아 껠끄미뉘트
몇 시간 전에	Il y a quelques heures	일 리 아 껠끄좨흐
연락 주세요!	Contactez-moi!	꽁딱때-무와
여권	Le passeport	르 빠쓰뽀흐
핸드폰	Le téléphone portable	르 뗄레폰 뽀흐따블
노트북	L'ordinateur portable	로흐디나퇘흐 뽀흐따블
타블렛	La tablette	라 따블레뜨
카메라	L'appareil photo	라빠헤이 포토
신용카드	La carte de crédit	라 꺄흐트 드 크헤디
지갑	Le portefeuille	르 뽀흐트 푀이으
동전지갑	Le porte-monnaie	르 뽀흐트 모내
서류가방	La mallette	라 말래뜨
여행가방	La valise	라 발리즈
핸드백	Le sac à main	르 싹까맹
배낭	Le sac à dos	르 싹꺄도
여행수표	Le chèque de voyage	르 쉐끄 드 브와이아즈

프랑스가 궁금해

프랑스의 수능 바칼로레아는 찍을 수가 없다

바칼로레아(baccalauréat)는 라틴어 바칼라우레아투스(baccalaureates)에서 유래한 말로 '월계수의 둥근 열매'를 뜻한다. 월계관을 학위로 주었던 17세기까지 상징적 의미였다. 귀족들이 어느 정도 지식을 쌓았을 때 자격을 수여했다. 그런데 나폴레옹 1세가 바칼로레아를 1808년에 혁신적으로 실제 고등교육 등용문으로 제도화했다. 1830년부터 에세이가 도입되었다. 바칼로레아를 취득해야 대학에 갈 수 있다.

1. 하루의 컨디션과 운으로 결판나지 않는다.
   바깔로레아 시험제도 개편을 추진 중이지만, 고교 2학년말에 1주일정도, 3학년말에 1주일정도 모든 과목을 한과목당 2-4시간동안 에세이로 본다.

2. 한국식의 OMR 밀려 쓰면 인생 끝, 이런 것 없다.
   2년에 걸쳐서 보고 에세이를 4페이지 이상 쓴다. 간혹 수학시험에 객관식이 나오는 드문 경우가 있다. 그럴 때는 맞으면 1점, 안쓰면 0점, 틀리면 -1점 감점 그래서 찍지 않는다. 모르는 걸 모른다고 해야 감점 받지 않는다.

3. 바칼로레아는 철학이라고 할 만큼 철학시험 주제가 사회적 쟁점이 된다.
   철학주제가 나오는 날은 할아버지, 할머니, 아주머니 아저씨 할 것없이 모두 종이와 펜을 들고 적고 카페나 식탁에서 같이 토론하며 열광한다. 철학축제의 날이다.

4. 바칼로레아 철학주제 예는 아래 주제형, 텍스트 분석형에서 골라 쓴다.
   예를 들면
   1) 예술작품은 항상 의미를 지니는가?
   2) 예술가들은 이해할 만 것들을 제공하는가?
   3) 개인의 의식은 그가 속한 사회의 반영인가?
   4) 모든 생명체를 존중하는 것은 도덕적 의무인가?

도와주세요!

Au secours!

오 쓰쿠흐

SAMU(프랑스 응급 의료지원 서비스)와 경찰을 불러주세요!

Appelez le SAMU et la police!

아쁠래 르 싸뮈 에 라 뾸리스

폭발이 있었어요!

Il y a eu une explosion!

일 리 아 외 윈 엑쓰쁠로지옹

총소리를 들었어요!

J'ai entendu des coups de feu!

재 엉떵뒤 데 꾸 드 푀

달리면서, 계단에서 넘어졌어요!

En courant, je suis tombée dans les escaliers!

엉 꾸헝 즈 쓔위 똥베 덩 레 제스깔리에

더 이상 걸을 수가 없어요.

Je ne peux plus marcher.

즈 느 쁘 쁠뤼 마흐쉐

피를 많이 흘려요.

Je saigne beaucoup.

즈 쎄니으 보꾸

저는 죽어가고 있어요.

Je suis en train de mourir.

즈 쒸위 엉 트행 드 무히흐

저 응급센터에 가야합니다.

Je dois aller aux urgences.

즈 드와 알래 오 지흐졍쓰

앰블런스를 불러 주세요!

Appelez-moi une ambulance, s'il vous plaît!

아쁠래-무와 윈 엉뷔렁쓰 씰 부 쁠래

une explosion 윈 엑쓰쁠로지옹 폭발
des coups de feu 데 꾸 드 푀 총성
tombée 똥베 넘어졌다
ne ~ plus 느-쁠뤼 더 이상 ~하지 않다
marcher 마흐쉐 걷다
saigne 새니으 피흘리다
en train de 엉 트행 드 ~하는 중이다
mourir 무히흐 죽다
aux urgences 오지흐졍스 응급센터에
appelez 아쁠래 불러 주세요

www.dramapassion.com

• 프랑스어 자막으로 보는 한국 드라마

넷플릭스는 프랑스에서 구독자 350만명 이상을 끌어 모았다. 그래서 아예 국가적으로 최대 방송사들이 연합해 합작 스트리밍 서비스 채널 Salto를 구축할 예정이다. 공영방송 프랑스 텔레비지옹 France Télévisions(France 2, France 3, France 5 등), 민영방송 TF1, M6가 프랑스 최대 방송사들이다. 프랑스에서 한국영화, 한국드라마, K-POP 등의 인기는 갈수록 상승세다.

"부엌에 있다가 의사 된 여자" 라는 표현으로 〈대장금〉을 보았는지 물어보고, 뭇슈봉을 좋아한다며 Monsieur Bong(봉준호 감독)을 거론한다. 이미 TF1 채널의 플랫폼 MYTF1 XTRA에서는 한국 드라마 〈별에서 온 그대〉 〈킬미힐미〉 등을 방영했다. 한국에서 놓친 따끈한 드라마를 프랑스에서 프랑스어 자막과 함께 볼 수도 있다. 드라마 파시옹 Drama Passion 사이트다. 무료로 한국 드라마를 파리에서 보며 와인을 마시면 천국, 그리고 프랑스어 자막은 필수다. 잘 놀면서 공부하자.

france•2 france•3 france•4 france•5

유용한 회화 표현

10-6.mp3

Où est l'ambassade de Corée du Sud?	대한민국 대사관은 어디에 있죠?
Il y a quelqu'un qui parle anglais?	영어를 하는 사람이 있나요?
Il y a quelqu'un qui parle coréen?	한국어를 하는 사람이 있나요?
Il faut que je passe un coup de fil.	저는 전화를 한 통 해야 합니다.
Quel service désirez-vous?	어떻게 도와드릴까요?
Je veux faire une déclaration d'accident.	저는 사고신고를 하려고 합니다.
Je suis au commissariat.	저는 경찰서에 있습니다.
Venez vite, s'il vous plaît!	빨리 와주세요, 부탁합니다!
Aidez-moi, s'il vous plaît!	도와주세요!
Au feu!	불이요!
Faites attention!	조심하세요.
Il faut appeler les pompiers!	소방차를 불러야 합니다!
Il y a eu un accident de voiture.	교통사고가 발생했어요.
Il faut appeler une ambulance!	앰불런스를 불러야 합니다!
Je suis blessé.	제가 다쳤어요.

어휘 플러스

데려가 주세요.	Emmenez-moi 엉므내-무와
대사관으로	à l'ambassade 아 렁바싸드
이 주소로	à cette adresse 아 쎄따트헤스
병원으로	à l'hôpital 아 로삐딸
저 경찰 불러요.	J'appelle la police! 자뻴 라뽈리쓰
경찰!	Police! 뽈리스
경찰관	Le policier 르 뽈리씨에
소방관	Les pompiers 레 뽕삐에
경찰차	La voiture de police 라 부와뛰흐 드 뽈리쓰
소방차	Le camion de pompiers 르 꺄미옹 드 뽕삐에
화재경보	L'alarme incendie 라라흠 앵썽디
소화기	L'extincteur 렉쓰땡뙈흐
홍수	L'inondation 리농다씨옹
폭염	La canicule 라 꺄니뀔르
태풍	La tempête 라 떵뻬뜨
번개	La foudre 라 푸드흐
폭설	La forte neige 라 포흐트 네즈
해일	Le raz de marée 르 하드 마헤
지진	Le tremblement de terre 르 트헝블르멍 드 때흐
비상출구	La sortie de secours 라 쏘흐띠 드 쓰꾸흐
도와주세요!	Au secours! 오 쓰꾸흐
대피하세요.	Il faut se mettre à l'abri. 일포 스메트흐 아 라브히

프랑스가 궁금해

프랑스와 정치, 프랑스를 선택하라? 세계를 선택합시다!

2017년 프랑스 대선에는 자유주의 성향의 신당 중도파 앙마르슈 정당의 당 대표인 에마뉘엘 마크롱이 대통령에 당선됐다. 프랑스 총선 결선에서 압도적인 승리를 쟁취했다고 프랑스는 언급한다. 그러나 유학생이나 이민자 가정에서는 극우파 정당인 국민전선 FN의 마린 르펜이 35%의 득표율로 패배한 것을 우려하고 있다.

프랑스 대선방식

1차 때 가장 득표율이 높은 두 후보를 골라 2차 투표를 진행한다. 그래서 2차 투표 때 아젠다(정책)을 살피고 정당에 대해 다시 입장 정리하고 투표를 할 수 있다.

극우파 국민전선 지지파 확대 이유

실업률, 테러사건 등의 여파로 2015년 광역단체장 선거결과는 '프랑스를 선택하라 CHOISIR LA FRANCE'고 부르짖는 극우파 FN(Front National)의 지지층이 확대된 것을 보여준다.

1) 저학력, 실업자의 40%가 FN을 지지했다. 경제 세계화에 대한 두려움을 가진 이들은 외국인의 프랑스 취업을 자국민의 위협으로 느낀다.
2) 2015년 단체광역장 선거에서 18-30세의 34%가 FN을 지지, 기존 노인 보수층이었던 지지세력이 아닌, 젊은 층이 지지하기 시작했다.
3) 다행히 2015년 단체 광역장 선거에서 파리시민은 9.7%만 FN을 지지했고 다른 도시에 비해서는 최저치였다.
4) FN은 아랍권에 대한 강경태도, 인종차별주의, 반유대인적 색채가 강해서 프랑스 내부에서도 극단적 애국주의가 갖는 파시즘을 우려하고 있다.

Policier

안녕하세요. 면허증을 제시해 주시겠습니까?

Bonjour. Votre permis de conduire, s'il vous plaît!

봉주흐 보트흐 뻬흐미 드 꽁듀위흐 씰 부 쁠래

Nuna

물론이죠. 여기 있습니다.

Bien sûr. Voilà.

비엉 쒸흐 브왈라

Policier

어떤 속도로 운전하셨는지 아십니까?

Savez-vous à quelle vitesse vous rouliez?

사배-부 아 껠 비떼쓰 부 훌리에

Nuna

경찰관님, 제가 비행기를 타는데 늦었어요. 그래서…

Monsieur, je suis en retard pour prendre un vol alors...

므씨외 즈 쓔위 엉 허따흐 뿌흐 프헝드흐 엥 볼 알로흐...

Policier

시속 100킬로미터가 넘게 운전하셨습니다.

Vous rouliez à plus de 100km à l'heure.

부 훌리에 아 쁠뤼 드 성 낄로메트흐 아 뢔흐

Nuna

경찰관님 죄송합니다.

Je suis désolée. Monsieur l'agent.

즈 쓔위 데졸레 므씨외 라정

Policier

그리고 안전벨트도 착용하지 않으셨습니다!

Et votre ceinture de sécurité n'était pas attachée!

애 보트흐 쌩뛰흐 드 쎄뀨히떼 네때 빠 아따쉐

Nuna

다시는 더 이상 그런 일이 없을 겁니다.

Ça ne se reproduira plus!

싸 느 스 허프호듀위하 쁠뤼

Policier

게다가 운전하는 동안에, 당신은 휴대폰 통화 중이었습니다.

En plus vous étiez au téléphone pendant que vous conduisiez!

엉 쁠뤼스 부 제띠애 오 뗄레폰 뻥덩 끄 부 꽁듀위지에

Nuna

아닙니다. 그건 사실이 아니에요.

Non, ce n'est pas vrai!

농, 쓰 네 빠 브해

Policier

죄송합니다.

Je suis désolé.

즈 쓔위 데졸레

당신께 과속으로 벌금 부과를 해야만 합니다.

Je dois vous donner une amende pour excès de vitesse.

즈 두와 부 도네 윈 아멍드 뿌흐 엑쎄 드 비떼쓰

---

savez-vous 싸배-부 당신은 아십니까?
rouliez 훌리에 운전하다
en retard 엉 허따흐 지각인
la ceinture de sécurité 라 쌩뛰흐 드 쎄뀨히떼 안전벨트
attachée 아따쉐 ~를 맨

en plus 엉 쁠뤼스 게다가
pendant 뻥덩 동안에
donner 도네 주다
une amende 윈 아멍드 벌금
excès de vitesse 엑쎄 드 비떼쓰 과속

생생 여행 Tip

• 인종, 국적, 종교 다름을 인정하는 나라

〈컬러풀 웨딩즈〉, 코미디 영화다. 원제는 〈Qu'est-ce qu'on a fait au bon Dieu?〉. '우리가 무슨 잘못을 했기에 이런 지경에 이르렀지?'로 외국인사위를 맞게 되는 프랑스 부모의 독백이다. 프랑스 전통 카톨릭 집안에 사위가 아랍인, 유태인, 중국인 차례차례로 들어온다. 마지막은 레게머리 흑인 사위로 그 정점을 찍는데, 흑인사돈이 상견례, 결혼식을 논의하는 과정에서 프랑스 부모에게 그동안 프랑스가 아프리카를 착취했으니 결혼식 비용은 프랑스 여자쪽에서 부담하라고 해서 프랑스 부모가 기절하려고 한다. 이 영화에서도 사람간의 갈등, 국적, 인종에 대한 차별을 노골적으로 드러내지 않는다. 실상 프랑스에서 최고의 모욕적인 말은 '당신은 인종주의자다.'(Vous êtes raciste)이다. 세계대전으로 폐허가 된 유럽, 프랑스인들에게 인종주의는 투쟁해야 할 가치이다. 그래서 '나는 유럽인입니다'(Je suis européen.) 라고 말한다. 동시에 월드컵에서 프랑스 국가 라 마르세이예즈(La Marseillaise)를 부르는 모습이나 일상에서 참전용사에 대한 예우를 볼때면 그들의 애국심이 대단하다고 느껴진다.

유용한 회화 표현

10-8.mp3

Votre permis, s'il vous plaît!	면허증 주세요.
Voici mon permis de conduire.	제 운전면허증입니다.
L'amende est à combien?	벌금은 얼마인가요?
Il faut payer où?	어디서 내야 하나요?
Je me suis fait attaquer par un chien.	개에게 공격을 당했습니다.
Je me suis fait agresser.	저는 강도에게 당했습니다.
Je voudrais parler à une femme policière.	저는 여성경찰관에게 말하고 싶습니다.
Je me suis fait violer.	저는 강간을 당했습니다.
Je voudrais passer un coup de fil.	저는 전화 한 통을 걸고 싶습니다.
Je voudrais un avocat coréen.	저는 한국인 변호사를 원합니다.
Je voudrais un interprète coréen.	저는 한국인 통역사를 원합니다.
Je ne comprends rien!	저는 아무것도 이해가 안됩니다!
Je n'ai rien fait!	저는 아무 짓도 하지 않았습니다!
Je n'ai rien vu!	저는 아무것도 보지 못했습니다.
Je n'ai rien su.	저는 전혀 아무것도 몰랐습니다.

어휘 플러스

폭력	La violence 라 비올렁스
깡패	Le voyou 르 브와이우
구타	Le coup 르 꾸
욕	Les gros mots 레 그호모
모욕	Les insultes 레 젱쒿트
가해자	Un agresseur 엔 아그헤쐐흐
피해자	Un victime 엥 빅팀
증거	La preuve 라 프허브
병원진단서	Le certificat médical 르 쎄흐티피꺄 메디꺌
재판	Le procès 르 프호쎄
범죄	Le délit 르 델리
공격	Une attaque 윈 아따끄
충돌	Une collision 윈 꼴리지옹
살인	Le meurtre 르 뫠흐트흐
절도	Un vol 엥 볼
강간	Un viol 엥 비올
성폭력	L'agression sexuelle 라그헤씨옹 쎅쒸엘
인질	L'otage 로따즈
강도질	Le cambriolage 르 꺙브히올라즈
총격	Un coup de feu 엥 꾸드푀
테러리즘	Le terrorisme 르 떼호히즘
폭탄테러	L'attentat à la bombe 라떵따 알 라봉브

프랑스가 궁금해

프랑스의 테러, 무지는 편견을 낳는다!

2015년 1월 7일 파리의 풍자전문 주간지 샤를리 에브도 테러에서 이슬람 원리주의 성향의 두 테러리스트의 신문사 난입 총기난사로 12명이 사망했다. 테러리스트의 주장은 샤를리 에브도가 이슬람 예언자 무하마드를 모독했다는 것이다. 이슬람교에서는 무하마드의 모습을 그리는 행위 자체가 금지다. 샤를리 에브도는 무하마드의 누드 묘사 만평으로 2012년에도 이슬람단체의 명예훼손 제소를 받기도 했다. 이후 2015년 11월 13일 프랑스와 독일 친선축구경기가 열렸던 생드니의 스타드 드 프랑스 등 동시 다발 테러 사건이 일어났다. 시민 130여명이 사망했다. 불특정 일반인 다수를 목표로 했다는 점에서 더욱 위협적이다. 프랑스인뿐만 아니라 여행객, 유학생, 교민까지 당할 수 있다는 점에서 더욱 그렇다. 그렇다면 프랑스 대혁명을 거친 민주주의 표상의 나라에서 테러가 자행되는 이유는?

1. 수니파 급진 무장단체 이슬람국가 IS 의 근거지인 시리아, 이라크와 지리적으로 가깝다. 터키를 통해서 지중해를 건너서 그리스로 입국, 일단 유럽 내 물적 인적 자유이동을 협약한 쉰겐 조약국중 한 나라를 거치면 쉽게 프랑스로 입국이 가능하다.

2. 이슬람 IS의 시각에서는 프랑스가 여전히 제국주의 국가다. 북아프리카를 포함해서 많은 식민지를 가졌던 것도 사실이다. 2013년 말리 공화국에 군대를 파병했다. 이슬람 반군 퇴치용이라고 하지만 IS의 입장에서는 제국주의 국가다.

3. 무슬림 이슬람교도에 대한 사회적·경제적 차별이 실재한다. 2004년 파리1대학의 차별연구소에서 실험을 했다. 동일 스펙의 258개 이력서를 기업에 보내 면접통과테스트를 했다. 백인이고 파리에 살면 75개, 이름이 아랍계이면 단 14개의 이력서만 면접자격을 얻었다.

모든 사회에서 차별금지법과 아랍문화와 이슬람교에 대한 이해와 교육이 제대로 이루어져야 테러의 동조자가 확산되는 것을 막을 수 있다.

공휴일과 긴급 연락처

공휴일

새해 첫날	Le jour de l'an	1월 1일
부활절 월요일	Le lundi de Pâques	날짜 변동
노동절	La fête du travail	5월 1일
2차 세계대전 전승일	La fête de la Victoire 1939-1945	5월 8일
예수승천일 목요일	Le jeudi de l'ascension	부활절 후 39일
성신강림축일 월요일	Le lundi de la Pentecôte	부활절 후 50일
혁명기념일	La fête nationale	7월 14일
성모 승천절	L'assomption	8월 15일
만성절	La Toussaint	11월 1일
1차 세계대전 종전기념일	L'Armistice 1914-1918	11월 11일
성탄절	Noël	12월 25일

축제

아비뇽 국제 연극제	Le Festival d'Avignon	매년 7월 개최
칸 국제 영화제	Le Festival de Cannes	매년 5월 개최
전역 음악 축제	La Fête de la musique	매년 6월 21일
리옹 빛의 축제	La Fête des Lumières	매년 12월초
뒹게르크 카니발축제	Le carnaval de Dunkerque	매년 1~3월 사이

프랑스 긴급 연락처

- **대사관**

주소: 125 rue de Grenelle 75007 Paris,
FRANCE(지하철 13번선 Varenne 역)
전화: 01 47 53 01 01
야간 및 주말 당직 06 80 28 53 96
사건사고 신고: +33 (0)6 80 95 93 47
FAX: 01 47 53 00 41

http://fra.mofa.go.kr

E-mail: koremb-fr@mofa.go.kr
홈페이지: http://fra.mofa.go.kr
영사과 민원실 근무시간: 월~금 09:30~16:30 (별도 점심시간 없음)
비자 접수: 월~금 09:30~12:30
근무시간외 비상연락처: +33 (0)6 80 28 53 96 (당직전화)

- **경찰** 17
  소방서 18
- **분실물 센터** 08 21 00 25 25
  비자카드, 마스터 카드 분실신고
  08 92 70 57 05
  *수표 분실은 수표발급은행에 개별 신고

https://ko.parisinfo.com

- **병원**

종합병원
Hopital HOTEL-DIEU : 1 place Parvis Notre Dame, 75004 Paris
(전화: 01 42 34 82 34)
Hopital EUROPEEN-GEORGES-POMPIDOU : 20 rue Leblanc, 75015 Paris
(전화: 01 56 09 20 00)

소아병원
Hopital NECKER : 149 rue Sèvres, 75015 Paris (전화: 01 44 49 40 00)

앰블란스 등 응급의료 서비스 국번없이 15(SAMU)
응급의사 01 47 07 77 77
응급약국 01 45 62 20 41 (84 Avenue des Champs-Élysées, 75008 Paris)

* 약품 구입시 의사의 처방전이 필요, 감기약, 진통제 등 몇몇 기본 의약품은 구입 가능, 의사의 진료는 사전 예약이 필수, 긴급상황은 종합병원 응급실을 이용.

영어로 의사소통 가능한 파리 소재 일반의
Dr. Francis Slattery: 32 Rue Vignon, 75008 Paris (전화: 01 47 42 02 34)
Dr. Nancy Salzman: 36 Rue du Colisée, 75008 Paris (전화: 01 45 63 18 43)
Dr. Stephen Wilson: 54 Rue des Archives, 75004 Paris (전화: 01 48 87 21 10)